WIENAND[S] KLEINE REIHE
DER KÜNSTLERBIOGRAFIEN

WEITERE TITEL:

MAX ERNST
ALEXEJ JAWLENSKY
ERNST LUDWIG KIRCHNER
GUSTAV KLIMT
KÄTHE KOLLWITZ
WILHELM LEHMBRUCK
MAX LIEBERMANN
AUGUST MACKE
PAULA MODERSOHN-BECKER
GABRIELE MÜNTER
EGON SCHIELE
MAX SLEVOGT
MARIANNE WEREFKIN

Roman Zieglgänsberger

MARIANNE WEREFKIN

Wienand

Inhalt

EXKURSE

Ich bin die Baronin von Werefkin. Ich war mit den großen Malern meines Jahrhunderts befreundet, Kandinsky, Jawlensky, merken Sie sich die Namen. Sie hatten den Mut zum Neuen. Kommen Sie in meinen Turm. Ich werde Ihnen [meine] Bilder zeigen, wie Sie sie noch nie gesehen haben.“

Marianne von Werefkin zu Hans Sahl, Erinnerung an eine Begegnung in Ascona vor 1930, aus seinen *Memoiren eines Moralisten*, Zürich 1983

Die Magierin der Avantgarde stellt sich vor

Ein rot glühender Blick, eine markant hochgezogene Augenbraue und viel, viel Haltung. So geheimnisvoll zeigt sich Marianne von Werefkin (1860–1938) vor einem dunklen, sogartigen Hintergrund in einem der entscheidenden Momente ihres Lebens. Sie malt das mystisch von „Bronzestaub" funkelnde *Selbstbildnis* im Jahr 1910 exakt in dem Augenblick, als zwei der bedeutendsten expressiven Künstlergruppen Deutschlands in München entstehen: 1909 gründet sich die Neue Künstlervereinigung München (NKVM) und 1911 unter der Führung von Wassily Kandinsky und Franz Marc Der Blaue Reiter. Für beide ist Werefkin mitverantwortlich, und schon allein aus diesem Grund gebührt ihr ein herausragender Platz in der europäischen Kunstgeschichte.

Aber das Selbstbildnis bietet weit mehr. Denn die Künstlerin bringt darin zum Ausdruck, wie genau diese Mitverantwortlichkeit ausgesehen hat, worin ihr Anteil zum Durchbruch des Expressionismus in Deutschland besteht. Aus ihren Augen schießen nicht ohne Grund teils verzau-

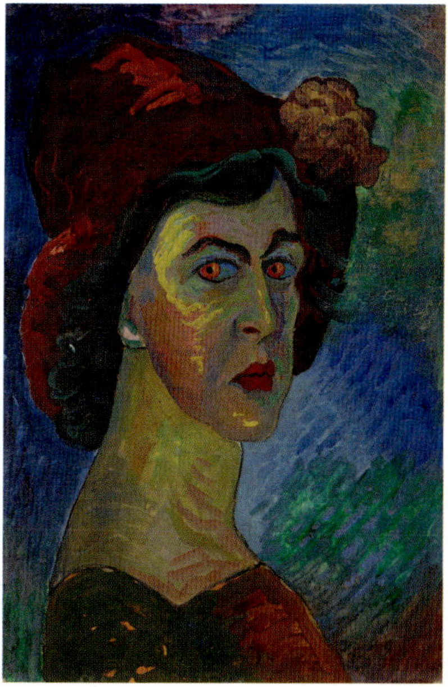

Selbstbildnis, 1910, Tempera auf Papier auf Karton, 51 × 34 cm

bernde, teils betörende Pfeile der Inspiration. Sie treffen den Betrachter von damals genauso wie uns heute direkt hypnotisierend ins Mark. Bequemlichkeit oder, anders formuliert, das Sich-Einrichten im Bestehenden, das, wie man weiß, nur Stillstand bedeutet und Trägheit mit sich bringt, ist Werefkins Sache nicht – das zeigt das Charakterporträt sehr präzise. Vielmehr ist ihre Welt das fortwährende Anecken, Aufreiben und Anstoßen ihres Umfelds – Vorgehensweisen, mit denen sie naturgemäß zeitlebens polarisiert, genau wie dies ihr Blick in dem Porträt tut, der den einen bannt, verunsichert zurücklässt oder auf Distanz hält, den anderen aber bereichert oder schlicht auf immer berührt, anzieht, inspiriert. Im kreativen Wirbel, den sie allerorten, wo sie auftaucht, erzeugt und dessen Mittelpunkt sie, laut vieler Zeitgenossen, wie selbstverständlich ist, vernetzt sie mühelos gedanklich die unterschiedlichsten Dinge: die Welt der Kunst mit der Welt des Tanztheaters, die Theorien der Philosophie mit der Kunstgeschichte oder die Choreografie eines Bühnenbildes mit der Komposition eines Gemäldes, um einen gesättigten Nährboden für Neuerungen zu bereiten.

Die geheimnisvolle „Magierin“ Werefkin – anders ist das zauberhafte Porträt, in dem sie sich uns nur mit einer leichten Kopfdrehung zuwendet, wohl nicht zu verstehen – weiß nicht nur um ihre große Wirkung auf Personen, sondern genießt diese Gabe regelrecht. Sie kann sich in jedem Moment auf ihre vielfach attestierte Beredtheit, ihren außerordentlichen Intellekt – sie spricht mehrere Sprachen, unter anderem Russisch, Polnisch, Französisch, Englisch, Deutsch, und lernt im Alter sogar noch spielend Italienisch – und ihre fortwährend strahlende Energie verlassen. „Das Zentrum, gewissermaßen die Sendestelle der fast physisch spürbaren Kräftewellen, war die Baronin", so erinnert sich der Kunsthistoriker Gustav Pauli an Werefkin, und dieser muss es wissen, denn er besucht den sogenannten rosafarbenen Salon der Künstlerin, als sie im Begriff ist, jenes magische Bild von ihrer Persönlichkeit aus atmosphärischen Farbkreisen heraus zu „kreieren". Auch Elisabeth Erdmann-Macke, die Frau August Mackes, berichtet im Nachhinein Ähnliches über Werefkin, als sie ihr das erste Mal im Jahr 1911, nur kurz nachdem das Selbstbildnis entstanden war, im Atelier ihres Lebensgefährten Alexej von Jawlensky begegnet: „Sie kehrte uns den Rücken zu, eine schmale, hochgewachsene Gestalt mit knallroter Bluse, einem dunklen Rock und schwarzem Lackgürtel, im Haar eine breite Taftschleife. Man glaubte, ein junges Mädchen stünde da. Als sie sich umdrehte, sah man das vom Leben geprägte, ausdrucksvolle Gesicht einer alternden Frau, die, wenn sie in Begeisterung geriet, mit ihrer rechten Hand [...] drohend in der Luft gestikulierte. Sie war eine ungemeine starke, temperamentvolle Persönlichkeit voll revolutionären Geistes gegen alles Laue und Ängstliche."

Auch uns zieht das Bild noch immer magisch mitten hinein in den Strudel, der am Beginn des 20. Jahrhunderts alles zuvor Dagewesene weggefegt hat, um endlich Neues, Überraschendes, Belebendes in der schon längst seit vielen Jahren erstarrten, abgestandenen, verkrusteten Welt der Kunst zu ermöglichen. Zugleich stellt es uns eine der Protagonistinnen vor, die mit ihrer starken Persönlichkeit und ihrer elektrisierenden Diskussionsfreudigkeit einen maßgeblichen Anteil an der Entwicklung der Avantgarde an der Schwelle der Moderne zwischen dem 19. und dem 20. Jahrhundert hatte.

Das Schicksal aber hat für Marianne von Werefkin, die von dem in München wohnenden Komponisten Felix vom Rath wohl wegen ihrer „teuflischen“ Impulsivität gern auch „Diavolezza“ genannt worden ist, einige durch die Wellen der Weltgeschichte in Bewegung gebrachte Stationen bereitgehalten. Ihr Lebensweg beginnt 1860 aristokratisch in Russland, wird in München-Schwabing vor dem Ersten Weltkrieg zwischen 1896 und 1914 standesgemäß mondän fortgeführt und endet schließlich nach der Russischen Revolution, die von hier auf jetzt den Adel und alles Feudalherrschaftliche 1917 einem Tsunami gleich wegschwemmte. Verarmt und fast vergessen stirbt Marianne von Werefkin 1938 in der italienischen Schweiz im Tessin.

Else Lasker-Schüler, die große Dichterin aus dem Umfeld des Blauen Reiters, behält demnach recht in ihrer Ode auf Werefkin, in der sie in der Künstlerin nicht nur eine „Meisterin“, die „vom Himmel fiel“ erkennt, sondern auch einen „adeligen Straßenjungen“. Damit deutet sie an, dass Werefkin, die sich ihrer elitären Herkunft stets sehr bewusst ist und dies zeitlebens niemandem verbirgt, am Ende ihres Lebens demütig geworden ist. – Doch eins nach dem anderen.

Von den adeligen Anfängen bis zum Prädikat „russischer Rembrandt“

DIE FAMILIEN DARAGAN UND WEREFKIN

„Mariamna“ von Werefkin wird am 11. September 1860 in Tula geboren. Das gleichnamige Gouvernement, in dem ihr Großvater Peter Michailowitsch Daragan das höchste Regierungsamt innehat, liegt knapp 200 Kilometer südlich von Moskau. Ihr Vater Wladimir Nikolajewitsch Werefkin (1821–1896), der sich um 1855 im Krieg zwischen Russland und dem Osmanischen Reich auf der Halbinsel Krim hervorgetan hat, ist zum Zeitpunkt ihrer Geburt bereits hochrangiger Offizier und Kommandant der Armee in Tula. Vermutlich lernt er hier seine dreizehn Jahre jüngere Frau, Mariannes spätere Mutter Elisabeta P. Werefkin (geborene Daragan, 1834–1885), kennen. Marianne ist das erste Kind aus dieser Verbindung. Ihre beiden Brüder – Peter und Wsewolod – kommen erst drei und zwölf Jahre nach ihr auf die Welt und schlagen beide der Familientradition folgend erfolgreiche Militärlaufbahnen ein.

Ich habe keine regelrechte künstlerische Ausbildung gehabt. Habe gelernt überall, bei allen Lehrern, Mitschülern und alten Meistern. Alles hing von dem Wohnsitz meiner Familie ab. Mit meinen Lehrern war ich immer im Streit, lernte aber von jedem etwas.

Marianne von Werefkin in ihrer *Autobiografischen Skizze*, um 1930

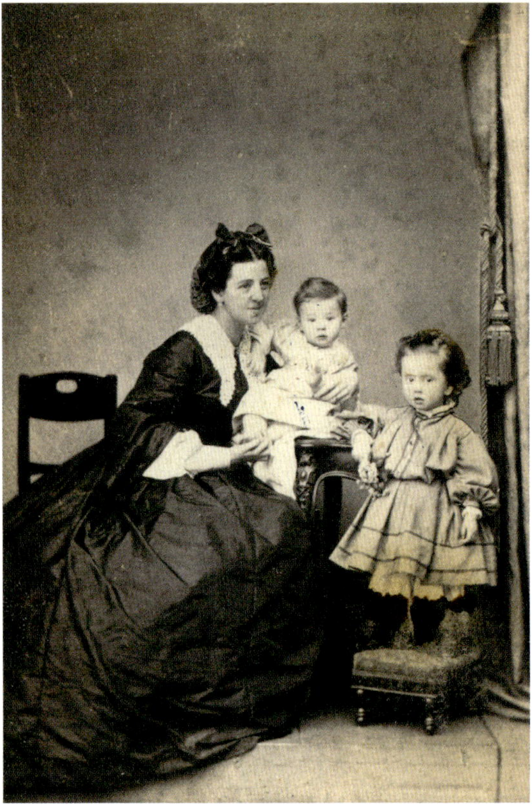

Marianne von Werefkin
als etwa Dreijährige
mit Mutter und Bruder,
um 1863

Schon diese wenigen Schlaglichter auf das familiäre Umfeld machen deutlich, dass das Geschlecht der Werefkins und Daragans nicht nur einflussreich und vermögend ist, sondern auch den höchsten aristokratischen Kreisen Russlands angehört. Später schafft es ein Onkel Werefkins, Iwan Longinowitsch Goremykin, sogar zum Ministerpräsidenten des Zaren Nikolaus II. Die Familie war Teil des russischen Uradels und damit reich und gebildet.

KINDHEIT UND JUGEND ZWISCHEN WITEBSK, WILNA UND LUBLIN

Im beschaulichen Tula lebt die junge Familie allerdings nur kurz. Dies liegt daran, dass man, wie es selbst heute noch üblich ist, auf der militärischen Karriereleiter die nächsthöhere Stufe nur dann zu erklimmen vermag, wenn man auch bereit ist, den Wohnort zu wechseln. Je öfter man dies tut, umso höher kommt man – natürlich nur, wenn man für eine solche Laufbahn überhaupt vorgesehen ist. Mariannes Vater hat deshalb zwischen 1863 und 1885 insgesamt viermal umzuziehen, bis er den Höhepunkt seiner Militärkarriere erreicht: seine Berufung zum Kommandanten der Peter-und-Paul-Festung in Sankt Petersburg. Als Leiter dieser neben dem Moskauer Kreml bedeutendsten Burg Russlands ist Wladimir Werefkin einer der höchstrangigen Soldaten in dem riesigen, bis weit hinein nach Asien reichenden Land.

Wladimir Werefkin wird zunächst 1863 von Tula nach Witebsk in Weißrussland versetzt, das etwa 600 Kilometer westlich von Moskau liegt. Dort bekleidet er fünf Jahre das Amt eines Generalgouverneurs. Als Marianne acht Jahre alt ist, wird ihr Vater zum Generalleutnant befördert, damit ist jedoch erneut ein Umzug verbunden. Diesmal geht es nach Wilna, das sich – von Witebsk aus noch einmal etwa 350 Kilometer westlicher gelegen – in Litauen befindet und damals etwa 80 000 Einwohner zählt. Hier verbringt Marianne den Großteil ihrer Jugend, da die Familie erst wieder 1879 ins polnische Lublin, eine damalige russische Provinzhauptstadt, etwa 170 km südöstlich von Warschau, weiterzieht – die letzte Station vor dem großen Sprung nach Sankt Petersburg. In Lublin wohnt die Familie aber nur im Winter, im Sommer geht es auf ein Landgut bei Kaunas in Litauen. Diese etwa 850 Hektar große **Datscha***, die sich nur etwa 100 km westlich ihres früheren Wohnorts Wilna befindet, wird dem Vater 1879 von Zar Alexander II. aufgrund seiner militärischen Verdienste für das russische Reich zugesprochen. Möglicherweise aber erhält er die fürstliche Landgabe als Entschädigung dafür, dass der Zar die Werefkins von Wilna ins ferne Lublin entsendet hat, das zwar russisch besetzt ist, in dem aber hauptsächlich polnisch gesprochen wird und das sich ziemlich weit weg von den russischen Machtzentren Moskau und Sankt Petersburg befindet. Die Familie, die durch die großzügige Schenkung sicherlich etwas milde gestimmt und auch an Russland gebunden werden soll, nennt ihren Landsitz denn auch liebevoll „Blagodat", was übersetzt so viel bedeutet wie „Glückseligkeit". Diese Datscha wird zum Sehnsuchtsort von Marianne, der von ihren Eltern noch im ersten Jahr der Schenkung direkt neben dem Hauptgebäude ein eigenes Atelierhaus errichtet wurde.

Werefkin, die sich im Nachhinein sehr positiv an ihren Vater erinnert, der immer „zärtlich" zu ihr gewesen sei und ihr eine „fröhliche, mutige, ausgelassene Jugend" ermöglicht habe, verbringt trotz all dieser anstrengenden Umzüge eine stets wohlbehütete Kindheit und Jugend. Die Familie lebt in den unterschiedlichen Städten immer mit höchstem Wohnkomfort und hat eine Dienerschaft von 18 und mehr Personen um sich. Kein Wunder, dass Marianne von klein auf zu Hause umfassend unterrichtet und breit gefächert gefördert wird – und zwar in allem, was üblicherweise in gehobenen Kreisen als elementar erachtet wird. Das sind insbesondere europäische Hauptsprachen, Konversation und natürlich Allgemeinbildung wie Musik, Geschichte oder Schönschreiben. In Wilna in-

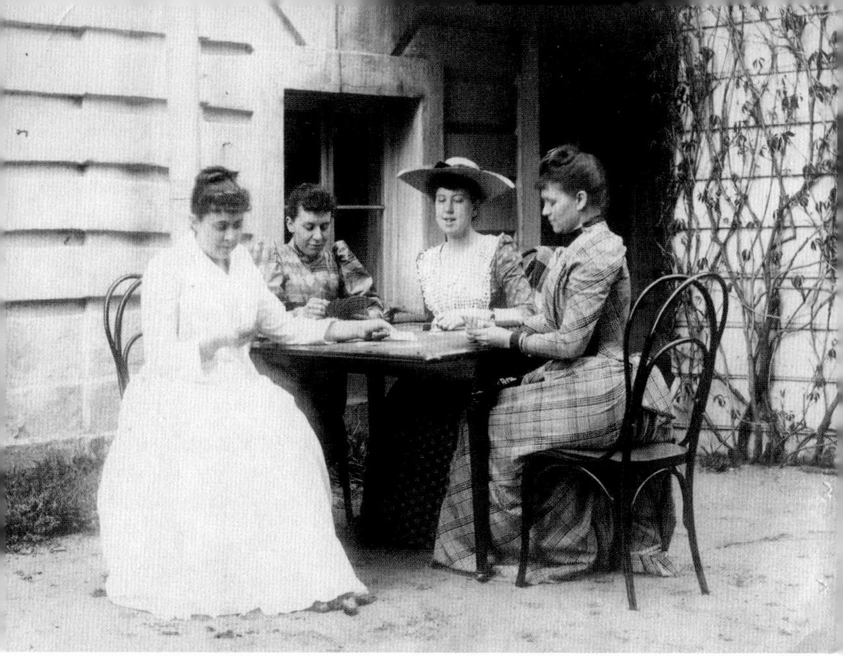

Marianne von Werefkin beim Kartenspielen mit Freundinnen
vor ihrem Atelierhaus auf Gut Blagodat, um 1889

des kommt Marianne schließlich als Zwölfjährige auf das erst kurz zuvor gegründete Marien-Institut, das einem weiterführenden humanistischen Mädchengymnasium gleichkommt und nur den höchsten Kreisen mit entsprechenden finanziellen Möglichkeiten offensteht. Vier Schuljahre genießt sie die bestmögliche Bildungsinstitution ihrer Umgebung.

Neben dieser schulischen Bildung, die Werefkin, klug wie sie ist, im Jahr 1876 mit Bestnoten abschließt, wirkt weiterhin das Elternhaus prägend, das ihr mannigfaltigen Lesestoff bietet. Ausgehend von russischen Autoren wie Gogol, Tolstoi oder Dostojewski, die heute allesamt Klassiker der Literaturgeschichte sind, damals aber brandaktuelle junge Belletristen waren, liest sie auch Shakespeare, Goethe, Molière oder Magazine wie die *Illustrirte Frauen Zeitung*, die 1873 in Berlin gegründet worden ist. Neben all dem beschäftigt sie sich nach ihrer Schulzeit mit Psychologie, Philosophie, Theosophie und Kunsttheorie – eine umfassende Bildung, die allein durch die Stellung ihrer Familie ermöglicht wird.

Doch wie kommt Werefkin eigentlich zur bildenden Kunst? Hier ist ihre Mutter Elisabeta Werefkin zu erwähnen, die ein durch und durch kultureller Mensch ist und wohl den größten Anteil daran hat, dass ihre Tochter, der ja vieles offensteht, letztlich Künstlerin wird. Aufgrund der familiären Nähe zum Zaren – Elisabeta gehörte ebenso wie ihr Mann dem alteingesessenen Hochadel an – ist es ihr als Frau möglich, bei dem russischen Hofmaler Karl Timoleon Neff, der nicht nur in Russland, sondern auch in Deutschland in der russisch-orthodoxen Elisabeth-Kirche zu Wiesbaden seine künstlerischen Spuren hinterlassen hat, Malerei zu studieren.

Zum guten gesellschaftlichen Ton „höherer" Töchter gehörte es, Mädchen von klein auf an eine selbstständige stille Beschäftigung zu gewöhnen, wozu neben dem Lesen vor allem Zeichnen und Aquarellieren zählten. Das tiefergehende Interesse für das Künstlerische jedoch dürfte durch das Vorbild der Mutter, die sie bei ihrer Malerei beobachtet haben wird, geweckt worden sein. Umso erstaunlicher ist es deshalb, dass das Talent Werefkins erst entdeckt wird, als sie bereits zwei Jahre auf das Marien-Institut geht. Allerdings erhält sie daraufhin sogleich professionelle Förderung, wie sie in der kurzen *Autobiografischen Skizze*, die in Ascona gegen Ende ihres Lebens entsteht, von ihren künstlerischen Anfängen berichtet: „Mein erster autodidaktischer Versuch war, als ich, 14 Jahre alt, Scharlachfieber hatte. Meine Mutter fand im halbdunklen Zimmer meine ‚petits bonshommes' [wörtlich: „kleine Gutmänner"; im übertragenen Sinne wohl „kleine gute Geister"], war entgeistert über die schlechte Bewachung durch die Gouvernante und begeistert über das Produkt. Das war in Wilna. [...] Zu mir wurde für zwei Jahre eine akademische Zeichenlehrerin angestellt; dann gingen wir nach Lublin (Polen). Hier hatte ich zwei polnische Lehrer und endlich auch einen guten: – Heinemann – in Warschau. Bei ihm malte ich Porträts." Bislang ist leider nichts weiter über diesen ersten namentlich von Werefkin erwähnten Maler bekannt – außer eben, dass sie bei ihm Bildnisse ausführt, und das ist wiederum etwas, was die angehende Künstlerin mit wenigen Ausnahmen nur in ihrer russischen Periode getan hat.

Es ist jedenfalls sehr stark davon auszugehen, dass die Mutter die ersten Lehrer und Lehrerinnen für ihre begabte Tochter ausgewählt und damit die Künstlerkarriere angestoßen hat. Wie wichtig für Werefkin ihre Mutter als Bezugsperson ist, vermutlich eben weil sie ihr die Kunst nahegebracht hat, geht auch aus einer kurzen autobiografischen Beschreibung hervor, die sie 1902 fast im Stil eines *Vaterunsers* verfasst: „O Mutter, Mutter, du mein wahrer Stern, du meine einzige Liebe, du meine wahre Jugend. Mutter, du angebetete, dein Name ist es, mit dem ich all die Dinge im Leben rufe, die mich entzücken. Wärst Du an meiner Seite geblieben, was hätte ich werden können. Du warst der Pilot des schönen Schiffes. Du bist entschwunden, und das Schiff ist gesunken. Mit Dir, o Mutter, starb all mein Leben. All mein Sinnen und Trachten gehört nur der Arbeit."

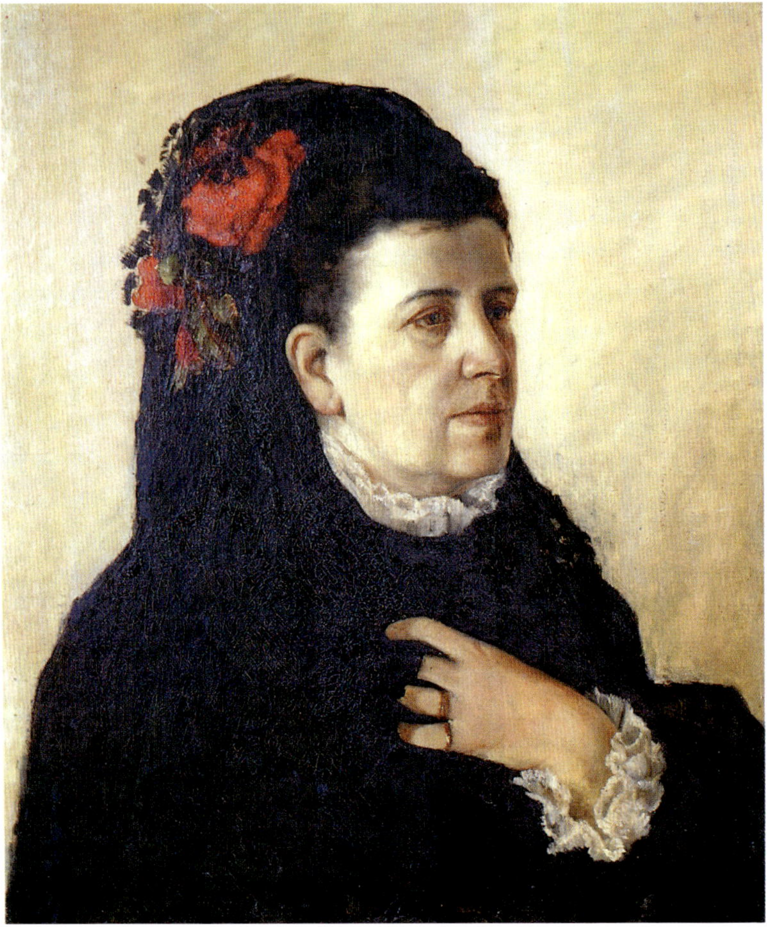

Bildnis der Mutter, 1886, Öl auf Leinwand, 64 × 54 cm

Elisabeta Werefkin stirbt 1885 im Alter von 51 Jahren. Ihre Tochter Marianne, die ihrem Vater in einem Brief schwört, „ihren Wunsch“ zu „erfüllen“ und weiter zu „malen“, ist zu diesem Zeitpunkt zwar erst 25 Jahre alt, aber bereits eine bemerkenswerte Künstlerin, die in den letzten Jahren einen großen Sprung in ihrer Entwicklung gemacht hat. So hat ihr um 1880 herum entstandenes, frühestes Werk *Die Kutsche* zwar den Standesunterschied von privilegierter Oberschicht und ärmlicher Bevölkerung zum Thema und damit einen hohen inhaltlichen Anspruch, wirkt aber in seinem Figurenpersonal doch ein wenig hölzern und in seiner Komposition insgesamt noch recht unausgegoren. Dagegen erweckt das sechs Jahre später entstandene *Bildnis der Mutter*, das kurz nach dem Tod von Elisabeta gemalt wurde, bereits den Eindruck eines sehr routinierten „realistischen" Gemäldes, in dem ein feines Gespür für die unterschiedlichen Stofflichkeiten – etwa des schwarzen Kleids, der weißen Rüschen, der roten Blumen im Haar oder der gelblichen Mauer, die den warmen Hintergrund bildet – zu erkennen ist.

Beide Elternteile werden durch und durch positiv, als liebevoll und fürsorglich beschrieben. Gerade deshalb lässt eine autobiografische Textstelle aufhorchen – als Werefkin „alle Visionen der Vergangenheit" beschwört und dabei ihre „bittere Jugend" und „all die unendlichen Opfer" erwähnt, die sie ihrer Familie und ihrem Bruder gebracht habe. Das überrascht und passt so gar nicht ins restliche Bild der bisher erzählten Jugend. Möglicherweise geht es dabei um eine frühe Eheschließung, über die man außer einigen Familienüberlieferungen kaum etwas weiß und deren Auflösung Werefkin bald forciert haben soll.

Bezüglich der Künstlerin Marianne von Werefkin drängt sich hingegen die Frage auf, was zwischen 1880 und 1886 geschehen ist, das diesen enormen künstlerischen Entwicklungssprung vom dürftigen Erstlingswerk *Die Kutsche* zum ausgereiften *Bildnis der Mutter* erklärt.

MOSKAU, SANKT PETERSBURG UND ILJA REPIN

Ab 1879, als die Familie Werefkin sehr plötzlich ins ferne Polen in die Provinz versetzt wird, sucht die angehende Künstlerin neben ihrem Warschauer Lehrer Heinemann nach Möglichkeiten, auch in den russischen, ihr sehr viel vertrauteren großen Metropolen Erfahrungen zu sammeln. Zwischen 1880 und 1883 hält sie sich sowohl in Moskau als auch in Sankt Petersburg auf, wo Werefkin Verwandte hat und bereitwillig Aufnahme findet. So kommt sie in Kontakt mit den Malern Wladimir Makowski und Iwan Kramskoj, die an der Petersburger Kunstakademie lehren, lernt in Moskau sehr schnell den großen Realisten Ilja Repin kennen und beginnt mit ihm ein Verhältnis. Alle drei Künstler gehören der Vereinigung der **Peredwischniki*** (russ. „Wanderer") an. Gerade deren sozialkritischer Ansatz dürfte Werefkin, die mit dem Gemälde *Die Kutsche* thematisch eine ähnliche Richtung einschlägt, bewegt haben, die Nähe dieser Künstlergruppe mit all den klangvollen Namen zu suchen. In dieser Zeit entsteht das *Bildnis Vera Repin*, das 1881 datiert ist und die Ehefrau des berühmten Malers darstellt.

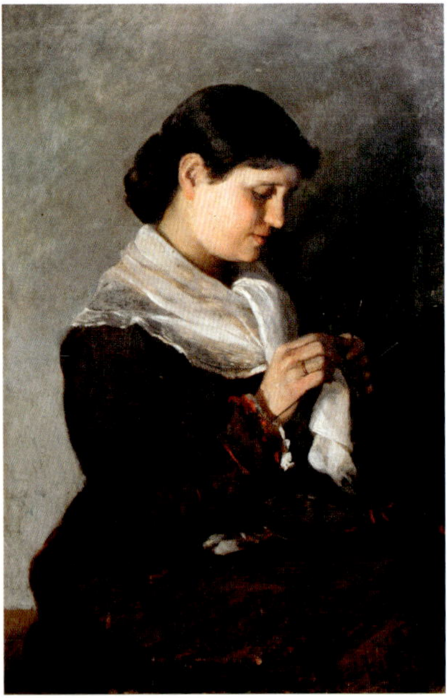

Bildnis Vera Repin, 1881,
Öl auf Leinwand, 89 × 58 cm

Der große Realist Ilja Repin begeisterte sich riesig für meine Sachen und war zehn Jahre mein Lehrer. Ich bewunderte ihn sehr, aber einig waren wir nie.

Marianne von Werefkin in ihrer *Autobiografischen Skizze*, um 1930

Spätestens ab 1883 lebt Werefkin knapp drei Jahre fest in der Hauptstadt Moskau und studiert bei dem Künstler Illarion Prjanischnikow in der Lehranstalt für Malerei, Bildhauerei und Architektur, wo sie, wie sie selbst berichtet, „enorme Fortschritte" macht, indem sie Porträts malt und nach Gips Akt zeichnet. 1885 zieht Werefkin mit ihrem Vater, der, wie bereits erwähnt, zum Kommandanten der Peter-und-Paul-Festung befördert und im selben schicksalhaften Jahr zudem Witwer wird, nach Sankt Petersburg. Sogleich richtet der Vater ihr erneut ein großes Atelier ein. Bei Ilja Repin, der bereits nach der Trennung von seiner Frau im Jahr 1882 von Moskau nach Sankt Petersburg gezogen ist, nimmt Werefkin schließlich zehn Jahre Privatunterricht und wird dessen Meisterschülerin.

Schon bald zollen sich die beiden gegenseitig den größten Respekt: „Gewiss war er mein Lehrer", so beschreibt Werefkin im Nachhinein ihre Beziehung zu ihm und fährt fort: „Er war ein Mann von ganz genialer Begabung, aber im Banne der altruistischen russischen Ideen. [...] Mich hat er geliebt und geschätzt als Mensch, als Frau, und war mein begeisterter Verehrer als Künstler. Er nannte mich immer Velazquez. Ich habe viele dankbare Erinnerungen an ihn, als meinen Lehrer, aber ich habe immer ihm gegenüber gekämpft, damals aus meinem instinktiven, echten Künstlertum und er hat mir Recht gegeben." Und Repin bewundert im Gegenzug nicht selten sehr wortreich Bilder von Werefkin: „Bravo, bravo! Marianne Wladimirowna. Ich war einfach überrascht von diesem Litauer in der Mütze. Wie er gezeichnet ist, wie der Ausdruck ausgehalten ist! Welche Modellierung der Lippen! des Kinnes! welch ein wundervoller Ton! [...] Es ist einfach ein Werk von Velazquez! Ich habe Sie beneidet, so die Lippen, die Augen, die Wangen zu malen! Diese Etude übertrifft die andern, es ist ein chef-d'œuvre!!!" Nach dieser vollmundigen Beschreibung hätten auch wir das Gemälde gern gesehen, nur gilt es leider, wie viele Werke Werefkins aus ihren Anfängen, als verschollen.

In ihrer prägenden Repin-Phase zwischen 1880/81 und 1894/95, in der ihre Beziehung anfänglich einem Lehrer-Schüler-Verhältnis gleichkommt, später aber, wie man aus ihrer Korrespondenz sehr schön herauslesen kann, zu Diskussionen auf Augenhöhe führt, erarbeitet sie sich nach und nach den Ruf eines „russischen Rembrandt". Sie selbst erzählt noch im Alter, als sie bereits in Ascona lebt, gern, dass sie „aus einer russischen Adelsfamilie stamme, am Hofe verkehrt und in ihrer Jugend Bilder in Rembrandts Manier" gemalt habe.

In der zweiten Hälfte des 19. Jahrhunderts werden in Europa Maler des 17. Jahrhunderts wie Rembrandt van Rijn, Francisco de Zurbarán oder Diego Velázquez wiederentdeckt, welche die zu schildernden Gegenstände weniger detailliert, eher summarisch zu erfassen suchten. Und Repin ist der Vermittler dieser dunkeltonigen, atmosphärischen Malerei an seine Schülerin Werefkin, was ihm auch in höchster Perfektion gelingt. Als Zeuge hierfür kann eines ihrer wenigen aus dieser frühen

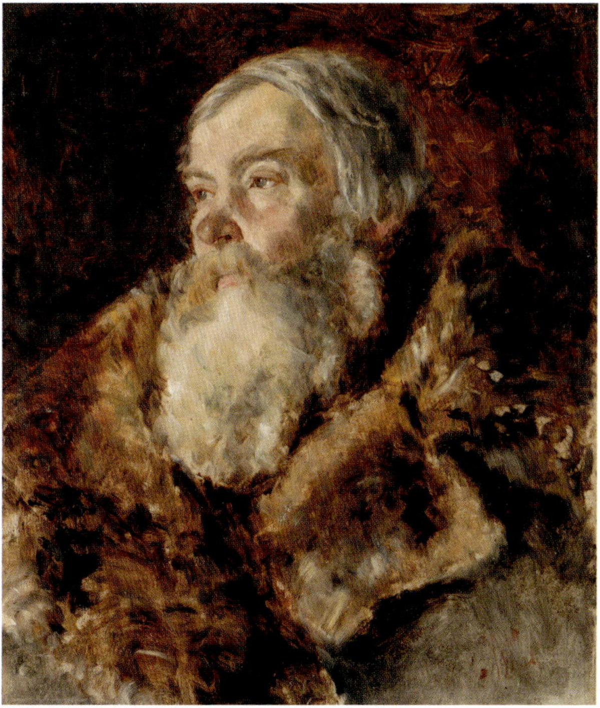

Mann im Pelz, um 1890, Öl auf Leinwand, 61 × 52 cm

Man spürt förmlich, dass es der von Werefkin festgehaltene „Bauer" mit seiner verfrorenen Nase, dem struppigen Haar und dem ungepflegten weißen Bart, dessen gedankenverlorener Blick abschweift, sehr schwer gehabt hat im Leben und dies letztlich der Grund für sein vorzeitiges Altern sein dürfte. Bemerkenswert bleibt aber, dass es den Betrachter trotz der warmtonig-braunen Farbpalette vor dem Original fast fröstelt – vermutlich ahnt man unterbewusst, dass das heimliche Hauptmotiv des Porträts, der verlauste, speckige, so wunderbar in seiner verbrauchten Stofflichkeit erfasste Pelz, den man förmlich zu riechen scheint, den man aber keinesfalls berühren möchte, seine beste, das heißt wärmende Zeit bereits lange hinter sich hat.

Schaffensphase erhaltenen Gemälde – der sogenannte *Mann im Pelz* – gelten. Der Mann im mittleren Alter, der auch schon als Bauer bestimmt wurde, wirkt im Bild älter, als er in Realität gewesen sein dürfte. Wir wissen nicht, um wen genau es sich handelt, aber darum geht es der Künstlerin gar nicht. Vielmehr ist es ihr Anliegen, den körperlich stark angegriffenen Mann aus der ärmlicheren Bevölkerungsschicht in seiner inneren Befindlichkeit zu erfassen. Und genau das ist die große Kunst Rembrandts, der Porträts von Menschen geschaffen hat, die einst nicht nur aus Fleisch und Blut bestanden und tatsächlich geatmet haben, sondern auch mit einem einzigartigen seelischen Innenleben ausgestattet waren.

Wie sehr Repin seine durch ihn und unter ihm „erwachsen" gewordene Schülerin (auch nach ihrer Liaison) geschätzt hat, wird insbesondere an seinem Porträt ersichtlich, das er von ihr Ende 1888 kurz nach einem tragischen Unfall anfertigt. Bei einem Jagdausflug mit Freunden auf Gut Blagodat schießt sich Werefkin mit einem Gewehr in die rechte Hand. Da sie Rechtshänderin ist, droht ihre „Malhand" für alle Zukunft auszufallen. Ziemlich genau ein Jahr nach dem Vorfall, nach vielen Kuren und chirurgischen Eingriffen, kann sie die Malerei glücklicherweise wieder aufnehmen. Ihr Leben lang bleiben allerdings infolge des Unglücks zwei Finger versteift. Einer der Ersten, der ihr zu ihrer „Auferstehung" als Künstlerin gratuliert, ist Repin.

Sein kurz nach dem schrecklichen Ereignis entstandenes Porträt ist zu den größten Freundschaftszeugnissen, die das 19. Jahrhundert hervorgebracht hat, zu zählen, denn er zeigt Werefkin nur wenige Tage nach dem Unfall in dem Moment,

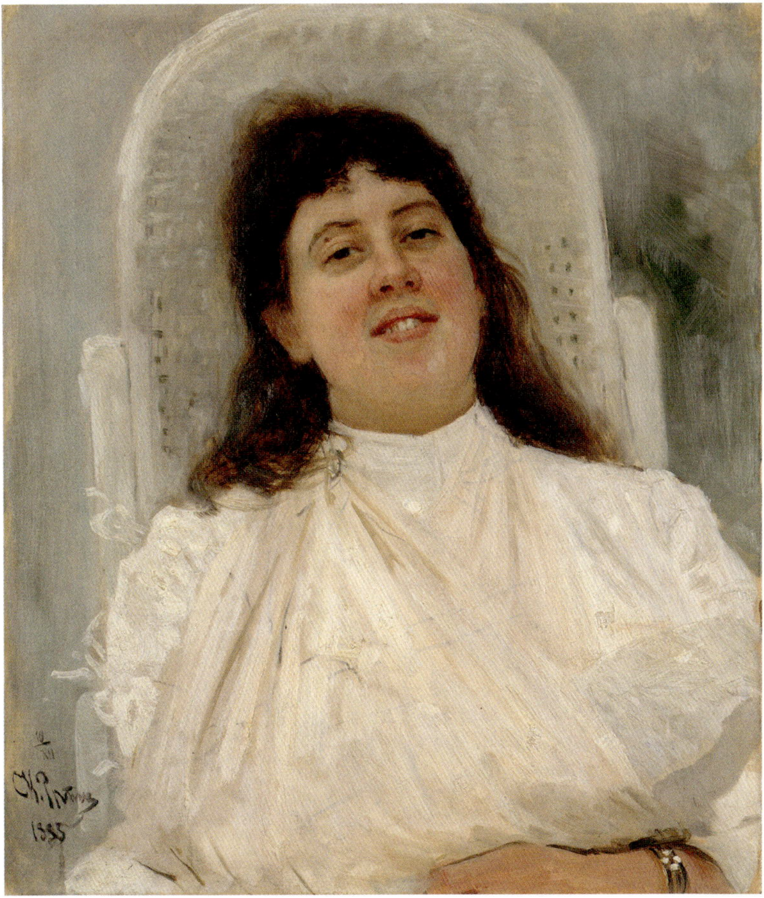

Ilja Repin, **Bildnis Marianne von Werefkin**, 1888, Öl auf Leinwand, 60 × 51 cm

als man noch mit dem Schlimmsten, möglicherweise sogar mit einer Amputation rechnen muss. Seine verehrte Schülerin erscheint im Bild wie ein frohgemutes engelgleiches Wesen, das schlicht gefeit ist gegen das Böse auf der Welt. Sowohl die Armbinde als auch der Verband der rechten Hand werden unsichtbar, verschleiert und gehen gleichsam auf im strahlenden Weiß ihres Kleides. Auf dem Porträt scheint es fast so, als hätte

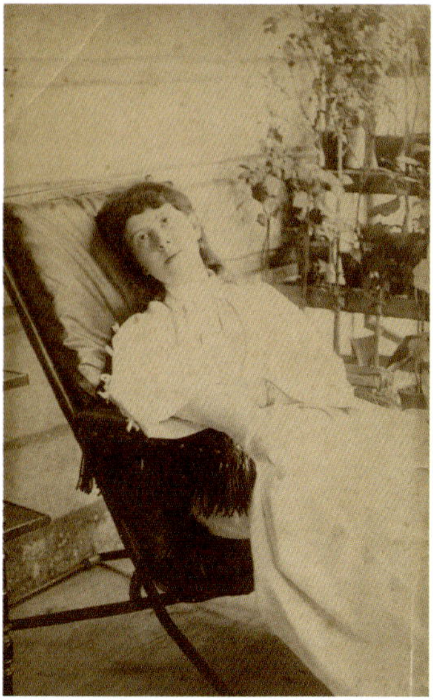

Marianne von Werefkin nach ihrem Jagdunfall im Klappstuhl auf Gut Blagodat, 1888

es den Unfall gar nicht gegeben. Zudem wirkt Werefkin vermutlich auch deshalb so unbedarft, unantastbar, beinahe göttlich verklärt, weil Repin den Stuhl, auf dem sie sitzt und aus dem heraus sie uns so versonnen anlächelt, anders als auf dem Foto gestaltet, das ihm zur Ausführung vorgelegen hat. Der schwere, ungelenke Klappstuhl wird bei ihm nicht nur zum durchbrochenen, leichten Korbstuhl, sondern bildet darüber hinaus subtil einen Heiligenschein aus. Damit wird Werefkin durch Repins Malerei schlussendlich in ein heiliges, überirdisches Wesen verwandelt, dem selbst etwas so Besorgniserregendes wie ein Unfall auf einer Bärenjagd nichts anhaben können wird, weil sie gänzlich körperlos über allen irdischen Dingen schwebt.

Marianne von Werefkin verdankt Repin aber nicht nur künstlerisch viel, sondern auch eine für den Verlauf ihres weiteren Lebens entscheidende Bekanntschaft, und zwar die des Malers Alexej von Jawlensky (1864–1941).

DIE ERSTE BEGEGNUNG MIT ALEXEJ VON JAWLENSKY

Werefkin und der vier Jahre jüngere Jawlensky sehen sich zum ersten Mal im Frühjahr 1892 auf der Peter-und-Paul-Festung in Sankt Petersburg, als Repin seiner Meisterschülerin einen talentierten Nachwuchskünstler, den er an der hiesigen Akade-

Diese Bekanntschaft sollte mein Leben ändern. Ich wurde der Freund von ihr, von dieser klugen, genial begabten Frau. Alexej von Jawlensky in seinen *Lebenserinnerungen*, 1937

mie der bildenden Künste unterrichtet, vorstellt. Mit Jawlensky, der zu diesem Zeitpunkt noch Offizier im Alexander-Nevskij-Regiment ist und nur abends auf die Akademie gehen kann, besucht er Werefkin in ihrem geräumigen Atelier. Es muss sofort „gefunkt" haben zwischen den beiden, was auch an der gleichen künstlerischen Basis liegt, die sie bis dahin unabhängig voneinander „aufgesogen" haben. Denn wie Werefkin 1880 bis 1885 in Moskau zu den Werken der Alten Meister gepilgert ist, so sucht Jawlensky dieselben Werke derselben Künstler kurz vor 1889 auf, als er noch vor seinem Umzug nach Petersburg in der Hauptstadt stationiert gewesen ist. Überdies haben sich beide an unterschiedlichen Orten mit den noch sagenumwobenen französischen **Impressionisten*** beschäftigt, beide jedoch ohne deren Bilder im Original gesehen zu haben: Sie bespricht die aktuellen französischen Tendenzen in ihrem intellektuellen Zirkel, zu dem sie regelmäßig in ihr Atelier einlädt, und er erfährt von ihnen über die alteingesessene Familie Botkin in Moskau. Daneben haben sie beide ja denselben Lehrer. Es muss zwischen ihnen von Beginn an viel Anregendes zu besprechen gegeben haben, was schließlich zu einer gemeinsamen intensiven Arbeit führt. So lädt Werefkin, die sich nicht nur den inoffiziellen Titel „russischer Rembrandt" erarbeitet hat, sondern auch bereits der Petersburger Künstlergenossenschaft beigetreten ist und mit den „Wanderern" Bilder auf Reisen schicken darf, Jawlensky sehr bald schon (1893) in ihr Paradies nach Gut Blagodat ein. Sie malen zudem gemeinsam im Atelier von Repin, als dieser auf einer längeren Aus-

Marianne von Werefkin und Alexej von Jawlensky
im Atelier auf dem Gut Blagodat, 1893

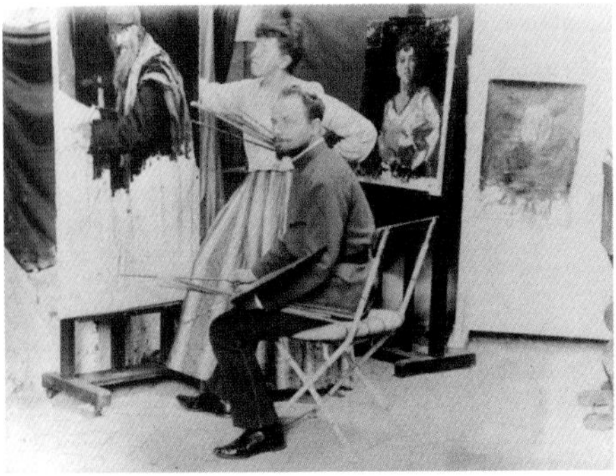

landsreise ist, wobei Werefkin sich in jenen Jahren auf Porträts von Soldaten, Tagelöhnern, Bediensteten oder Juden konzentriert.

Wie man auf dem Foto im Atelier auf Blagodat sieht, steckt Jawlensky noch mitten in der Arbeit am heute verschollenen, nahezu lebensgroßen Bildnis eines alten jüdischen Mannes – thematisch wohl angeregt durch vergleichbare Arbeiten Werefkins –, während sie parallel dazu, neben ihm arbeitend, das bedeutendste Werk ihrer russischen Periode schon annähernd fertiggestellt hat: Es handelt sich um das *Selbstbildnis mit Matrosenbluse.* Ganz automatisch kommt in diesem überzeugend authentisch wirkenden Auftritt ein höchst sympathisches, weil nicht auftrumpfendes Selbstbewusstsein zum Ausdruck. Doch woran liegt das? Die Malerei ist ungemein schnell, aber in keinem Moment nachlässig, eher sogar „dicht“ ausgeführt und befördert den Eindruck von einer gewissen Beiläufigkeit, als ob man jetzt gerade, in diesem einen Moment ausnahmsweise einmal nicht so viel Wert legt auf die Erscheinung der eigenen Person. Mit ihrem nachdenklichen Ausdruck steht sie allein für sich und wirkt frei, unabhängig von unserem Urteil. Und wann ist man das schon, gänzlich frei vom Urteil des anderen?

Das Bild, das dadurch ausgesprochen ehrlich scheint, hat demnach nur mit ihr zu tun, mit einer Frau, die man zwar als Werefkin erkennt, aber durch das männlich konnotierte Mat-

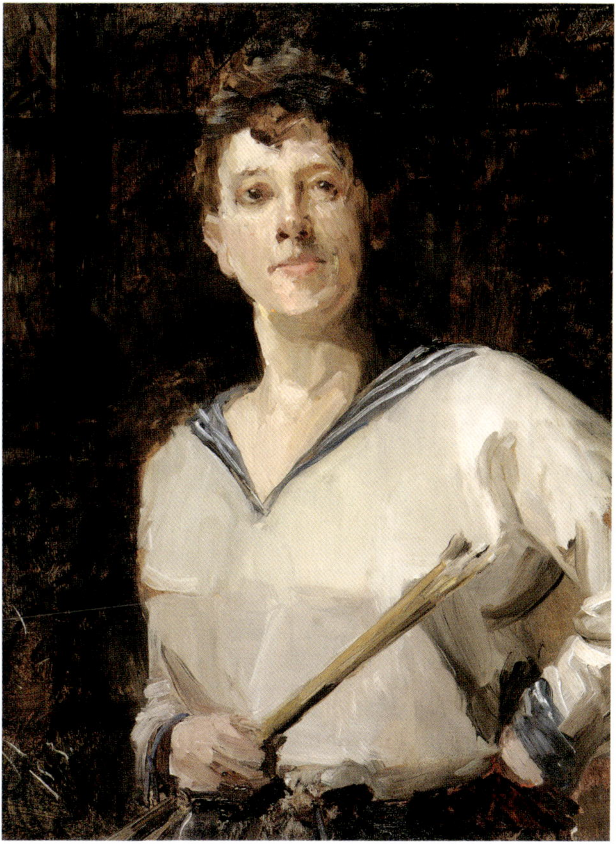

Selbstbildnis mit Matrosenbluse, 1893, Öl auf Leinwand, 69 × 51 cm

Die 33-jährige, sehr jugendlich wirkende Werefkin tritt in diesem Porträt beschwingt in Halbfigur mit leicht selbstvergessenem Blick unmittelbar, nah und offen dem Betrachter gegenüber auf. Sie befindet sich im Atelier, hinter ihr ist lediglich ein vager Ausblick aus dem Fenster hinaus in den abendlichen Garten angedeutet. Gerade so viel ist vom Raum in der Dunkelheit zu erahnen, dass es nicht ablenkt und doch Atmosphäre und geheimnisvolle Tiefe verleiht.

Bildnis Alexej von Jawlensky, 1896, Öl auf Leinwand, 42 × 24,5 cm

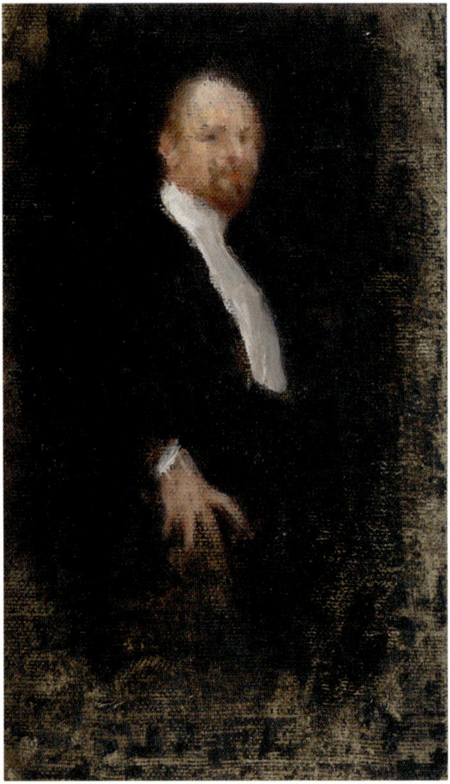

Dieses Porträt kann als Programmbild für die kommenden Münchener Jahre gelten: Jawlensky wendet sich seiner Weggefährtin und damit auch dem Betrachter selbstbewusst, aus einem ihn fast zur Gänze einhüllenden Dunkel heraus zu, wobei sich das wenige Licht im Bild auf der hohen Stirn bedeutungsvoll sammelt. Es scheint so, als ob Werefkin mit diesem Gemälde ihrer beider Hoffnung Ausdruck verliehen hat, aus der „Finsternis" der sie am Ende künstlerisch doch ziemlich einschränkenden russischen Umgebung und der Ahnung der Modernität der fernen Franzosen ins „Licht" einzutreten und durch ihren Umzug nach München endlich die heiß ersehnten neuen Ufer zu erreichen.

rosenhemd, die hochgesteckte Frisur, die dadurch kurz, modern und frisch ist, und die leicht androgyne Physiognomie ausgesprochen burschikos wirkt. Hier zeigt sich eine Künstlerin, der alles durch ihre – von außen – nicht zu hinterfragende Herangehensweise wie von selbst von der Hand zu gehen scheint.

Die langjährige Verbindung zwischen Werefkin und Jawlensky sollte jedoch in vielerlei Hinsicht eine schwierige, komplexe, sehr „menschelnde" Liaison mit beachtenswerten Höhen bezüglich der künstlerischen Erfolge und sehr beziehungstypischen Tiefen, was Untreue, Vorwürfe und Kränkungen betrifft, werden. Wenn man 1892 als Beginn festhält und 1920/21 als endgültige Trennung ansieht, sind die beiden insgesamt nahezu 30 Jahre zusammen und haben jeder für sich und beide gemeinsam viel für die Kunstgeschichte erreicht.

Einer ihrer gemeinsamen Höhepunkte etwa ist sicherlich der im Nachhinein weise Entschluss, im Oktober 1896 nach München umzusiedeln und nicht nach Paris, Antwerpen, Berlin oder London zu gehen, Städte, die sie auf einer gemeinsamen Reise ein Jahr zuvor als mögliche Wohnorte erkundet haben. Kurz vor dem Umzug oder kurz nach der Ankunft in München malt Werefkin – vermutlich als bewusst letztes Bild für viele Jahre – das Porträt ihres Partners.

Um 1900 – München leuchtete

Bevor Berlin kurz vor dem Ersten Weltkrieg mit der Neuen Secession (1910), der Sturm-Galerie Herwarth Waldens (1912), der Freien Secession (1914) sowie der Novembergruppe (1918) zum uneingeschränkten Zentrum der Avantgarde wird, ist München bis zur Gründung des Blauen Reiters im Jahr 1911 eine der bedeutendsten Kunst- und Kulturstädte Deutschlands. Den überregionalen Ruf einer attraktiven Metropole besitzt München schon in der zweiten Hälfte des 19. Jahrhunderts nicht zuletzt durch seine bedeutende Kunstakademie und deren namhafte Professoren, seine unzähligen privaten Malschulen und seine facettenreichen Musik- und Theaterszene. Hinzu kommt der 1854 – nur drei Jahre nach dem Crystal Palace in London – eröffnete Glaspalast als zentraler Ausstellungsort auch internationaler Kunst, weshalb die Stadt für alle Kunst- und Kulturinteressierten bis kurz vor 1900 eine hohe Anziehungskraft besitzt. Der Beginn einer sich allmählich anbahnenden Wendung hin zur Moderne ist die Gründung der Münchener Secession im Jahr 1892, die im deutschsprachigen Raum die erste ihrer Art ist und als progressive Gegenbewe-

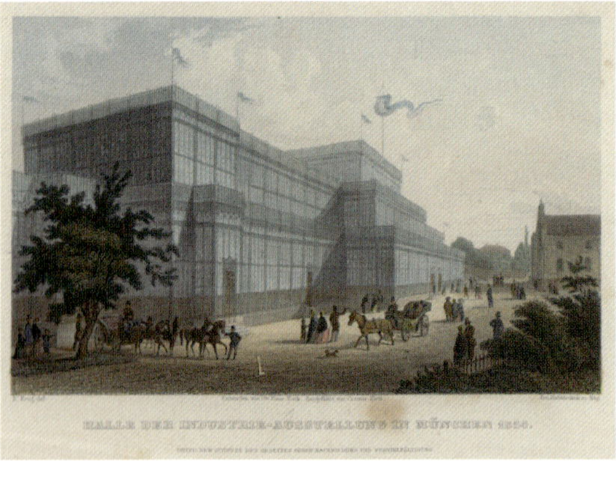

Franz Hablitschek, **Halle der Industrie-Ausstellung in München**, 1854, Stahlstich

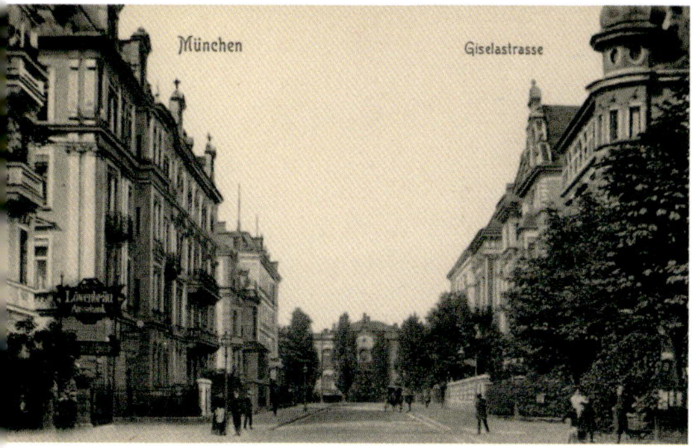

Postkarte – Giselastraße in München-Schwabing, um 1904

gung zum arrivierten Kunstbetrieb begriffen werden muss. Eine derartige kulturrevolutionäre Bewegung bleibt nicht unbemerkt und sollte europaweit Schule machen, zunächst 1897 in Wien, dann 1898 in Berlin. Unter den Gründungsmitgliedern sind nicht nur so klangvolle Namen wie Lovis Corinth oder Max Liebermann, auch der „zweite" Malerfürst vor Ort, Franz von Stuck, stellt sich bewusst gegen Franz von Lenbach, den Vorsitzenden der konservativ ausgerichteten Münchener Künstlergenossenschaft. Werefkin und Jawlensky ziehen 1896 also nicht ohne Grund von Sankt Petersburg nach München in die Giselastraße des Künstlerviertels Schwabing und entscheiden sich damit gegen Berlin oder Paris, beides Städte, die ihnen ebenfalls durch Besuche bekannt sind.

Wie „bunt" die Stadt tatsächlich war in jenen Tagen, wird angesichts dessen deutlich, dass nicht nur Thomas Mann, der in der Franz-Josef-Straße lebt, in seiner Novelle *Gladius Dei* von 1902 etwas ironisch vom „leuchtenden" München schreibt, sondern dass hier auch die satirischen Zeitschriften *Simplicissimus* und *Jugend* sowie 1899 das nur drei Jahre bestehende, allerdings sehr folgenreiche Literatur- und Kunstmagazin *Die Insel* herausgegeben werden. Um 1900 muss die Attraktivität der inzwischen etwa 400 000 Bewohner zählenden Stadt jedenfalls enorm gewesen sein.

Umzug nach München – das Netzwerk der „Baronin"

NEUE MÖGLICHKEITEN ERÖFFNEN SICH

Nicht selten müssen erst gewisse traurige Ereignisse eintreten, damit die Weichen des Lebensweges neu gestellt werden können. Werefkins Vater, der, nachdem seine Frau relativ jung gestorben war, seine einzige Tochter immer um sich haben will, ihr nicht nur ein wohlbehütetes Heim bietet und ein Atelier bei sich einrichtet, sondern es generell an nichts fehlen lässt, verstirbt im Januar 1896. Jawlenskys Vater, der Oberst in der russischen Armee war, verstarb bereits 1882, und der damals 18-jährige Alexej, dem wie für seine drei Brüder aus Familientradition eine Militärlaufbahn vorherbestimmt war, konnte erst ab dem Tod seines Vaters ernsthaft in Erwägung ziehen, seine Leidenschaft für die Malerei zu seinem Hauptberuf zu machen. Nun gelingt es Jawlensky, der noch immer als „schneidiger" Leutnant in Sankt Petersburg dient, nur zwei Monate nach dem Tod von Werefkins Vater aus gesundheitlichen Gründen aus dem Dienst entlassen zu werden. Plötzlich steht beiden Künstlern die Welt offen. Sie sind durch Waisenrente und Pensionsgehalt finanziell abgesichert – Werefkin „fürstlicher" als Jawlensky –, und gemeinsam würde es, wenn kein Weltkrieg oder keine Revo-

Und so kamen wir anfangs November 1896 nach München. Marianne von Werefkin und ich fanden eine Wohnung und ein Atelier in der Giselastraße 23, in der wir 18 Jahre wohnen blieben.

Alexej von Jawlensky in seinen *Lebenserinnerungen*, 1937

lution dazwischenkommen sollte, zukünftig an nichts fehlen. Darüber hinaus sind beide von Natur aus neugierige Menschen, etwas, was Künstler unbedingt sein müssen. Sie ahnen, dass die Kunst am Beginn des 20. Jahrhunderts nicht in Russland revolutioniert wird – und dort, wo auch immer das passieren würde, muss man hin. Ihr Ziel ist München.

DIE MALERIN LEGT DIE PINSEL NIEDER

Es ist um die Jahrhundertwende viel los in München, aber es dürfte insbesondere ein Umstand gewesen sein, der das stolze russische Künstlerpaar letztlich überzeugt, seinen Wohn- und Arbeitssitz gerade in diese Stadt zu verlagern. Denn hier leben zwei weit über die Grenzen Bayerns hinaus bekannte Künstlerfürsten, die den beiden am Beginn ihrer Münchener Zeit als leuchtende Vorbilder gelten: Franz von Lenbach und Franz von Stuck. Allerdings relativierte Werefkin schon recht bald, und zwar 1903, ihr Urteil über beide Maler. Doch aus dem fernen Russland betrachtet und nur den Klang der großen Namen hörend, ohne tieferen Einblick in deren Arbeitsmethoden, dürfte ihr zweifellos imponiert haben, dass es in München möglich scheint – wie Lenbach als Maler des Reichskanzlers Otto von Bismarck oder des Kaisers Wilhelm I. –, als angesehener Künstler der obersten Gesellschaftsschicht anzugehören und in einer repräsentativen Stadtvilla zu residieren. Man muss sich immer wieder bewusst machen, dass Werefkin höchsten Wert auf ihre besondere adelige Abstammung legt. Das wird schon daran deutlich, dass sie sogleich nach ihrer Ankunft in München ihrem Namen das in Russland unbekannte „von" beifügt, um ihre Herkunft nach außen hin für jedermann sichtbar anzuzeigen. Gleichzeitig genießt sie es, als „Excellenz" und „Baronin" aufzutreten und im Mittelpunkt zu stehen. Jawlensky tut es ihr übrigens gleich – ihm war es ebenfalls wichtig von höherem Stand zu sein –, nur handhabt er es laxer als Werefkin und lässt das „von“ im Namen ab und an beiseite, was möglicherweise daran liegt, dass er nicht wie seine Partnerin der höchsten aristokratischen Ebene Russlands angehört.

1896 starb mein Vater und ich zog nach München. Hier habe ich fünf Jahre lang keinen Pinsel angerührt.

Marianne von Werefkin in ihrer *Autobiografischen Skizze*, um 1930

In ihrer großherrschaftlichen Schwabinger Wohnung jedenfalls, die sich über eine ganz Etage erstreckt, wird denn auch bald von Werefkin „Hof gehalten“, und es entsteht hier über die Jahre ein bedeutendes intellektuelles Zentrum, wo nicht nur die kaum zutage getretene und nicht wirklich fassbare Brüderschaft von Sankt Lukas (1897), sondern auch die hinreichend bekannte und ausführlich erforschte Neue Künstlervereinigung München (1909) aus der Taufe gehoben wird.

IM „ROSAFARBENEN“ SALON

Werefkin trifft spätestens mit dem Umzug nach München eine folgenschwere Entscheidung. Sie legt von hier auf jetzt den Pinsel zur Seite. Warum, lässt sich nur erahnen. Dabei handelt es sich, von außen betrachtet, um eine durch und durch überraschende Wendung, die man von der beflügelten wie beflügelnden Künstlerin des fantastischen *Selbstbildnisses mit Matrosenbluse* keinesfalls erwartet hätte. Aber vielleicht lässt sich der Schlüssel für die heute noch nicht gänzlich geklärte extreme Entscheidung schon in diesem noch ausnahmslos positiv gestimmten frühen Werk finden, in dem sie sich gleichermaßen als Frau, als Mann oder ganz allgemein geschlechterübergreifend als kreativer kunstschaffender Mensch zeigt. Denn diese bereits im Bild anklingende, später ständig an ihrem Selbstverständnis wie Selbstbewusstsein nagende Identitätssuche hielt Werefkin 1905, als sie bereits neun Jahre kein Gemälde mehr ausgeführt hatte und soeben im Begriff war, künstlerisch neu zu beginnen, auch schriftlich fest: „Ich bin mehr Mann als Frau. Allein das Bedürfnis zu gefallen und das Mitleid machen mich zur Frau. Ich bin nicht Mann, ich bin nicht Frau, ich bin Ich." Und vielleicht noch deutlicher: „Ich bin mir selber treu, grimmig gegen mich selbst, nachsichtig gegen andere. Darin bin ich Mann. Ich liebe den Gesang der Liebe. Darin bin ich Frau. Ich schaffe mir ganz bewußt Illusionen und Träume. Darin bin ich Künstler."

Die Entscheidung, ihre künstlerische Karriere im Laufe des Jahres 1896 abzubrechen, mag wesentlich bedingt gewesen sein durch ihre Meinung, nur als „Mann" könne die Wiederbelebung der Malerei wirklich erreicht werden. Letztlich ist sie, die selbst höchst aufgeschlossen ist und in ihrem Umfeld als moderne Frau wahrgenommen wird, zu diesem frühen Moment in den gesellschaftlichen Konventionen gefangen, die zu überwinden ihr unmöglich ist. Der Schluss, den sie daraus zieht, ist, das junge hoffnungsvolle Talent Jawlensky zu fördern, indem sie mit einem künstlerischen Umfeld, das sie in München schaffen will, den Nährboden für dessen großen Durchbruch bereitet – und selbst als Malerin, so bitter das für sie gewesen sein dürfte, zurücksteckt.

Die ausgesprochen intellektuelle und künstlerische Atmosphäre dieses Hauses, geschaffen durch die überragende Klugheit Werefkins und die glänzenden Gaben Jawlenskys, zog talentierte Menschen an.

Erinnerung von Waldimir Bechtejeff, überliefert durch Valentine Marcadé, 1971

In München angekommen, beschäftigt sich Werefkin unter anderem theoretisch mit der altmeisterlichen Temperamalerei, richtet Jawlensky ein chemisches (Farben-)Labor ein, und beide bekommen vermutlich über Wassily Kandinsky, der nur kurz nach ihnen aus Russland nach München kommt, sehr früh schon Kontakt zu Franz von Stuck, der an der Kunstakademie lehrt und ebenfalls Freude an experimentellen Untersuchungen von Malmaterial hat. Alles Dinge, die Jawlensky mit Interesse wahrnimmt, aber für dessen Kunstentwicklung, wie sich herausstellen soll, nicht weiter von Belang ist. Entscheidender ist sein Eintritt in die Malschule von Anton Ažbe. Dort ist Jawlensky 1896 bis 1899 mit seinen etwas jüngeren russischen Malerkollegen Igor Grabar und Dimitri Kardowsky, die auch eng mit Werefkin befreundet sind und nur wenige Häuser die Straße rauf in Schwabing wohnen. Jawlensky berichtet über die intensive, gewinnbringende Arbeit dieser frühen Tage in München: „Wir drei [Jawlensky, Grabar, Kardowsky] bildeten in der Azbeschule eine Partei für uns, hielten zusammen, arbeiteten sehr viel und unterhielten uns über Kunst. Und das, was wir Neues hörten, versuchten wir in unsere Arbeit zu übertragen. Wir hörten zum erstenmal von großer Form und Linie [...] Und wir brachten in diese Schule einen frischen Wind. Wir waren sehr fleißig. Morgens um halb acht schellte Kardowsky an meiner Tür, und wir gingen dann zusammen in

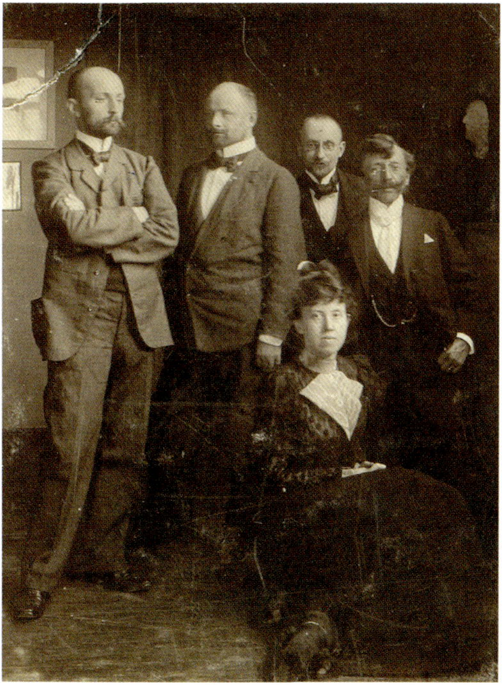

Marianne von Werefkin mit (von links) Dimitri Kardowsky, Alexej von Jawlensky, Igor Grabar und Anton Ažbe, 1897

die Schule. Wir arbeiteten den ganzen Tag, und nach dem Aktzeichnen, das gewöhnlich um acht Uhr abends aus war, gingen wir meistens zu mir [...] Werefkin war immer zu Hause."

Marianne von Werefkin bleibt natürlich nicht zu Hause, um nichts zu tun, sondern sorgt sich um das vielseitige kunsttheoretische wie fächerübergreifende Umfeld, das die praktisch experimentierenden Maler nebenbei vermittelt bekommen, und knüpft beharrlich das facettenreiche Netzwerk weiter, aus dessen Input jeder für sich Gewinn schlagen kann. Dass die vier Maler mit der elektrisierenden Werefkin in diesen ersten Münchener Jahren aufs Engste zusammengehören, geht nicht nur aus dem erhaltenen Foto hervor, auf dem sich die Gruppe als Einheit wie ein Glück verheißendes „fünfblättriges" Kleeblatt ablichten lässt, sondern auch aus ihrer gemeinsamen Reise nach Venedig im April 1897. Dorthin pilgern sie alle fünf nicht nur wegen Tizian, Tintoretto oder Veronese, sondern weil ihr ehemaliger Lehrer Repin in der Lagunenstadt für die russische Sektion der Biennale verantwortlich ist und sie ein Wiedersehen erhoffen. Werefkin besucht darüber hinaus vor Ort mehrere Bibliotheken, um vergessene Maltechniken und Farbpigmente zu recherchieren. Ihre Ergebnisse sind später nicht, wie ursprünglich erhofft, für Jawlensky bedeutsam, sondern viel wichtiger für ihre eigene Kunst. Denn während er sehr schnell auf die für seine malerischen Ziele geeignetere flüssigere Ölfarbe umschwenkt, verwendet Werefkin, als sie um 1906/07 wieder zu malen beginnt, eine bis heute nicht gänzlich geklärte Mischtechnik, welche für die Restauratoren unserer Tage eine ständige Herausforderung darstellt.

In der Giselastraße 23 jedenfalls initiiert Werefkin wohl nach dem Vorbild ihrer bereits in Sankt Petersburg veranstalteten Treffen einen ähnlich gearteten intellektuellen Salon, den der junge russische Maler Wladimir Bechtejeff, ab 1902 in München lebend, regelmäßig besucht und derart anschaulich beschreibt, dass man einen guten Einblick in die Wohnsituation und das Zusammenleben des Künstlerpaares erhält: „Mariamna Wladimirowna“, erinnert er sich, „war eine außerordentliche Frau, die über eine innere Welt verfügte, fern des Alltäglichen und der gesellschaftlichen Konventionen, was sich am Zusammenleben mit Jawlensky zeigte. Durch Erziehung einem mondänen Milieu verbunden, pflegte sie die entsprechenden Verbindungen. Zu ihren engsten Münchner Freunden gehörte Nik. Stolypine, erster Botschaftssekretär [...], sowie die aus Rußland stammende Gräfin Hollenstein. Durch sie wurde

Werefkin in die Gesellschaft anderer Aristokraten eingeführt, die sich für Kunst interessierten. In ihrem rosafarbenen Salon oder in dem benachbarten großen Raum, der als Schlafzimmer oder Atelier diente, empfing sie fast alle Berühmtheiten, die auf der Durchreise waren. Es war dort, wo ich Pawlowa [Anna Pawlowa: Tänzerin], Nijinsky [Vazlav Nijinsky: Tänzer und Choreograf], Diaghilew [Sergej Diaghilew: Kurator, Herausgeber und Kunstkritiker] selbst Eleonora Duse [ital. Schauspielerin] traf. [...] Für mich aber war es vor allem ein gastfreundliches Haus, wo ich warmherziges Wohlwollen und aufrichtiges Interesse für meine Arbeit fand. Das beruhigte und unterstützte mich. Im Atelier Jawlenskys (am Ende des Korridors rechts, gegenüber Werefkins Zimmer) trafen sich häufig viele Maler. – War Werefkin schön? – Nein, es wäre verfehlt, sie schön zu nennen, aber sie hatte Charme, sie war originell und nicht ohne Verrücktheit, und sie erweckte Interesse und Enthusiasmus durch ihren brillanten Geist."

Die Themen innerhalb dieses bunt gemischten Diskussionskreises sind höchst unterschiedlicher Natur, obwohl der Fokus selbstverständlich stets latent auf den künstlerischen Dingen gelegen haben wird. Aber genau dieses Interdisziplinäre, sich gegenseitig fachfremd Inspirierende, in der Kunst sich Vermischende ist gewollt. Komponisten, Tänzer oder Musiker sprechen an ihrem Tisch sowohl mit Malern, Literaten und Museumsdirektoren als auch mit Botschaftern und Politkern über beispielsweise optische Phänomene, theosophisch-spirituelles Gedankengut oder schlicht über die jüngsten Farbtheorien. Die Gesprächsabende werden – das geht aus allen Schilderungen, die wir haben, hervor – allein von Werefkin moderiert. Wie die „Baronin" bei ähnlichen Anlässen ihre Rolle selbst wahrnimmt,

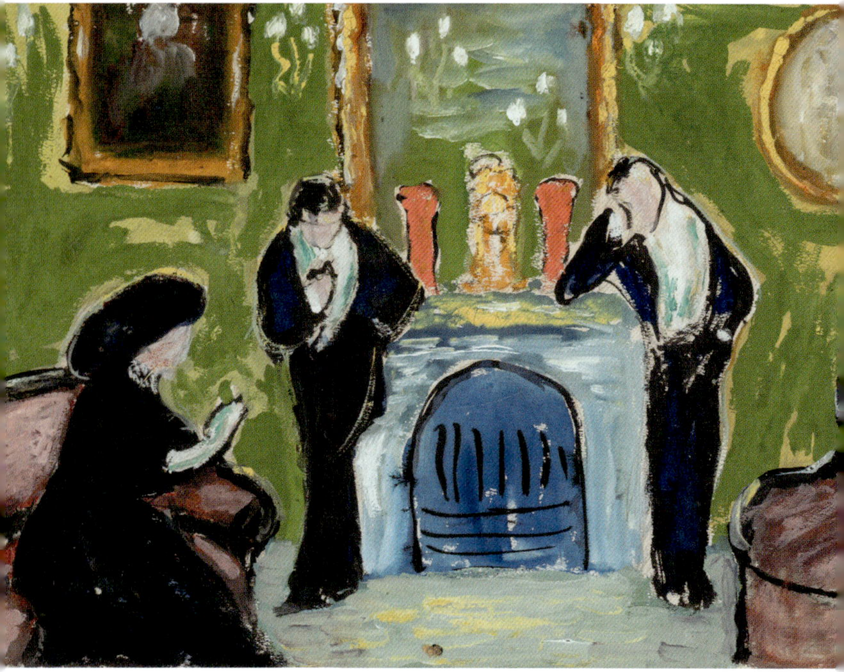

Am Kamin, um 1909, Mischtechnik auf Karton, 29 × 40 cm

Das Bild zeigt, dass Werefkin sich als intellektuelle Wortführerin versteht, und lässt sich, obwohl es in Russland entstanden ist, auch als Hinweis auf den rosafarbenen Salon in München verstehen. Links hat eine Frau Platz genommen, die einen Sachverhalt mit der Hand beredt in den Raum hinein „darlegt". Die beiden männlichen „Salonlöwen" im Frack hingegen, die den Kamin rahmend zieren, versuchen das Ausgesprochene aufzunehmen und geistig zu verarbeiten – der linke Frackträger führt den Gedanken mit der Hand zum Kopf, der rechte hingegen an sein Ohr. Ob ihnen dies gelingt, scheint jedoch, so dekorativ wie sie von Werefkin dargestellt werden, eher fraglich zu sein. Dafür spricht auch, dass der zweite rosafarbene Sessel vor dem Kamin für einen auf Augenhöhe befindlichen Gesprächspartner noch frei ist.

schildert ihre kleine, im Gouverneurspalast in Kaunas, dem Amtssitz ihres Bruders, im Stile Edvard Munchs ausgeführte Arbeit *Am Kamin* sehr anschaulich.

Bei derlei Gelegenheiten formulierte sie sehr wortreich und bestimmt, nicht nur einmal, eine ihrer Hauptmaximen: „Die Kunst der Zukunft ist die emotionale Kunst." Ein wichtiger Ansatz, den sie später für sich selbst genau so schriftlich festhalten sollte und der 1909 in veränderter Form einfließt in das von Gabriele Münter in der Giselastraße niedergeschriebene Gründungszirkular der Neuen Künstlervereinigung München.

DER AUSLÖSER FÜR DIE KRISE

Wladimir Bechtejeff erwähnt nebenbei Werefkins unkonventionelles „Zusammenleben mit Jawlensky", und dies nicht ohne Grund. Das Außergewöhnliche liegt nicht allein an dem Umstand, dass die beiden nicht verheiratet sind, etwas, was Werefkin schon in Russland so belassen wollte, als das Thema zur Debatte stand. Eine Heirat verweigerte sie damals möglicherweise nicht nur deshalb, weil sie dann ihre üppigen Pensionsansprüche verloren hätte, sondern eventuell auch, weil sie bereits einmal verheiratet gewesen ist oder weil Jawlenskys Adelsabstammung für ihre Familie schlicht nicht genügt hat. Aber Bechtejeff spielt mit seinem Hinweis auf die ungewöhnliche Wohngemeinschaft des Künstlerpaares wohl auf einen anderen Sachverhalt an, denn er kommt genau in dem Moment aus Russland nach München (1902), als sich das Verhältnis von Werefkin und Jawlensky für jeden Besucher des rosafarbenen Salons deutlich sichtbar zu einem pikanten Dreiecks-, genau genommen sogar zu einem Vierecksverhältnis wandelt. Mit Werefkin zieht auch ihr Dienstmädchen Helene

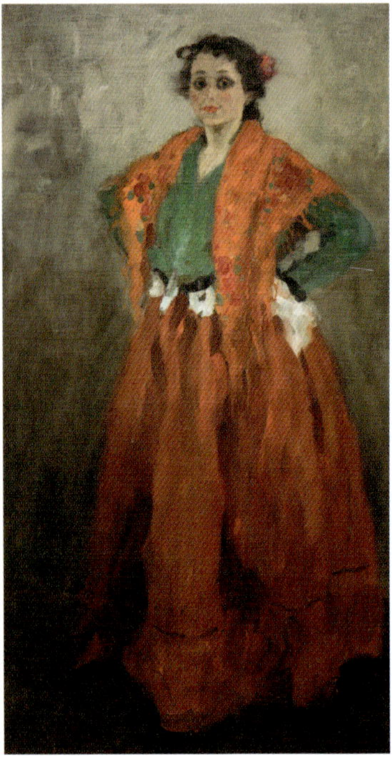

Alexej von Jawlensky,
Helene im spanischen Kostüm,
um 1901/02, Öl auf Leinwand,
190,5 × 96,5 cm

Nesnakomoff mit nach München, die im Januar 1902 den Sohn Jawlenskys auf die Welt bringt. Um dies zu verheimlichen, reist man gemeinsam zur Geburt nach Litauen auf das Gut Anspaki, wo Andreas Nesnakomoff schließlich geboren wird. Man fürchtet vor allem den Skandal, dass in München ruchbar werden könnte, eine Dienstmagd, eine Frau von niederem Stand, hätte das Kind des Lebenspartners der „Baronin" geboren, was es unbedingt zu verschleiern gilt. Viele Jahre wird Andreas als Neffe Jawlenskys ausgegeben, obwohl jedem, der die beiden einmal zusammen getroffen hat, sofort klar ist, dass es sich um Vater und Sohn handelt. Jawlensky hält aber zeitlebens zu der Mutter seines Kindes, die er 1922 nicht nur in Wiesbaden heiraten wird, sondern die er auch vermutlich während oder kurz nach der Schwangerschaft 1901/02 lebensgroß porträtiert. Mit dem Bildnis, das vom Format her das größte bekannte Gemälde von Jawlensky ist, gibt er auch Werefkin unmissverständlich zu verstehen, dass Helene nun mehr ist als nur ihre Dienstmagd.

Wir sprechen von Trennung, von Lebensjahren, von Entfernungen, die wir durchmessen müssen.

Marianne von Werefkin in ihren *Briefen an einen Unbekannten*, 1903

In dieser durch und durch angespannten Situation – mit Fluchtversuchen von beiden Seiten und einer dennoch weiterhin bestehenden gegenseitigen Anziehungskraft –, unter der alle Beteiligten, vermutlich aber am meisten Helene selbst, sehr leiden, beginnt Werefkin ein gewaltiges Projekt.

DIE *BRIEFE AN EINEN UNBEKANNTEN*

Marianne von Werefkin versucht mit dem langen tagebuchartigen Text *Lettres à un Inconnu* ihre Unzufriedenheit und innere Zerrissenheit, in die sie das schlichte Leben oder, mit ihren Worten, die „sehr menschlichen Verhältnisse" gebracht haben, für sich zu klären. Auslöser für die tiefenpsychologisch hoch spannenden Briefe, gerichtet an ihr „höheres" Ich, ist die Schwangerschaft Helenes, mit der ihre Weltordnung von einem Oben und Unten, die sie bei aller Fortschrittlichkeit doch in keinem Moment hinterfragt, mit einem Mal auf den Kopf gestellt ist. Die Situation, in die sie hineingeschlittert ist, stellt sich in der Tat, nüchtern betrachtet, als höchst verfahren dar: Ihr Lebenselixier, die Malerei, hat sie aufgegeben für das absurde Ziel, die Erneuerung der Kunst mit und durch ein von ihr gesteuertes „Sprachrohr" (Jawlensky als ihr Medium) zu erwirken. Nicht nur, dass sie nach und nach den Einfluss auf die künstlerische Entwicklung Jawlenskys verliert, weil dieser natürlich einen eigenen Kopf hat und eigene Absichten verfolgt, was ihr ab 1901 immer klarer wird, sondern auch der Haushalt, das Zusammenleben mit ihm gerät mit der Geburt des Kindes zusehends aus den Fugen.

Zieht man die *Briefe an einen Unbekannten* heran, sollte man sich einer Tatsache bewusst sein: Sie sind nicht für die Öffentlichkeit bestimmt. Aus diesem Grund – Werefkin hatte ja nicht

Mein Schöner, mein Einziger! Du, den ich immer gesucht habe, ohne dich je zu finden! Du den ich herbeigesehnt und gerufen habe, ohne dich je zu sehen! Du, der du immer gegenwärtig bist, ohne doch zu sein, dir schreibe ich jetzt.

Marianne von Werefkins erste Zeilen der *Briefe an einen Unbekannten*, 1901

die Chance, redigierend einzugreifen und die eine oder andere Stelle konzentrierter, pointierter oder strukturierter zu formulieren, auszuarbeiten oder gar zu entschärfen – wirkt dieser Text phasenweise etwas aphoristisch, widersprüchlich, vor allem aber vielfältig interpretierbar. Dies tut dem Erkenntniswert des wertvollen Dokuments aber keinen Abbruch. Es handelt sich dennoch um eine sehr ergiebige intime Quelle, die bei der Interpretation viel Sensibilität erfordert.

So findet Werefkin ihrem „höheren" Ich (und nicht uns) gegenüber, dem sie sich in ihren Briefen zwischen 1901 und 1905 anvertraut, mitunter sehr deutliche Worte: „Ich bin zur Hure geworden und zur Küchenmagd, zur Krankenpflegerin

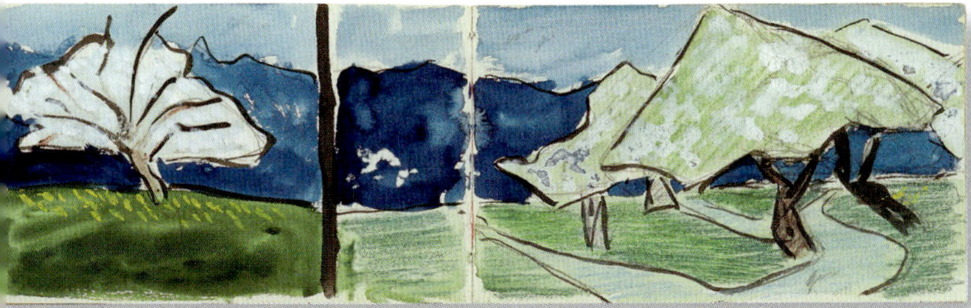

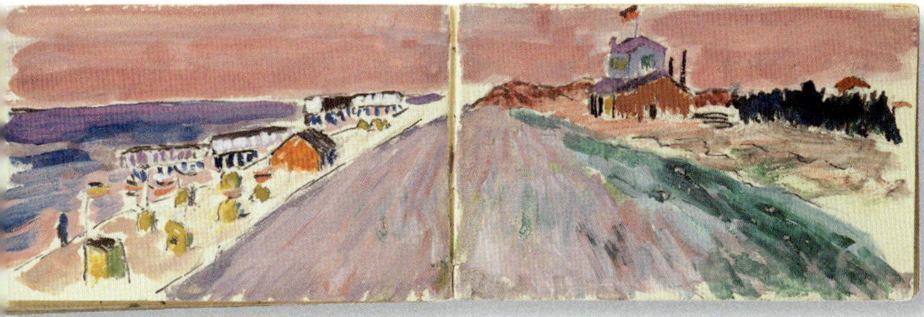

Skizzenbuch a19/8-9 (Murnauer Landschaft), o. J., Mischtechnik auf Papier, 11 × 36,2 cm
Skizzenbuch b14/72-73 (Ostseestrand in Prerow), 1911, Mischtechnik auf Papier, 7,8 × 24 cm

und zur Gouvernante, nur um der großen Kunst zu dienen, einem Talent [vermutlich Jawlensky], das ich für würdig hielt, das neue Werk zu verwirklichen." Ob sie diese viel zitierte Stelle auch öffentlich hätte vorlesen oder gar publiziert wissen wollen, ist eher zu bezweifeln.

Insgesamt spricht sie in ihren *Briefen* viele allgemeine Themen an, die immer wieder Diskussionsstoff in ihrem Salon sind, so etwa den Genie- und Künstlerbegriff, Kunsttheoretisches, Philosophie und Psychologie oder schlicht die großen Themen wie Leben, Tod, Liebe, „Menschheit" und nicht zuletzt Gott. Zwischendurch kommen so manches Mal höchst unvermittelt sehr konkrete Begegnungen und Zwischenmenschli-

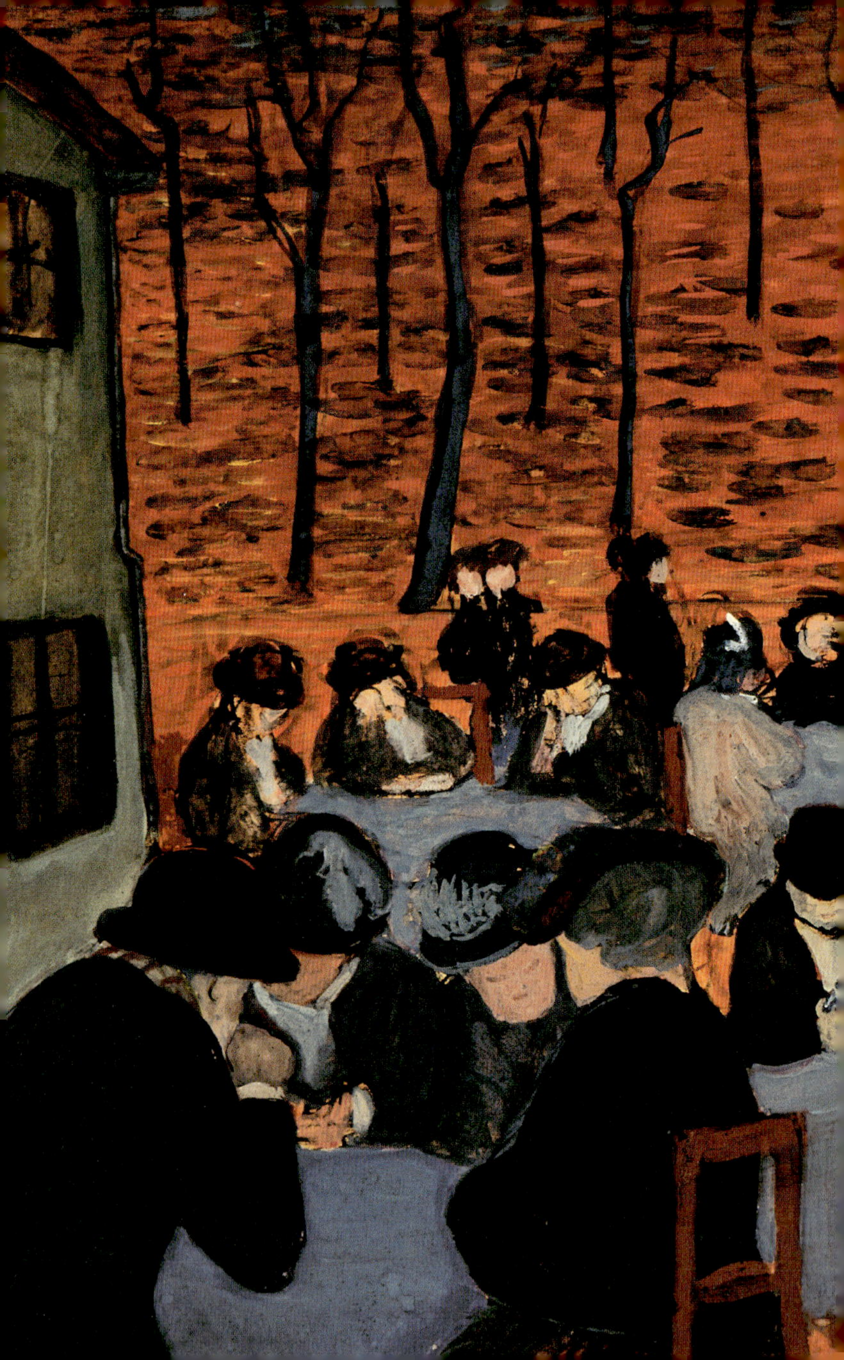

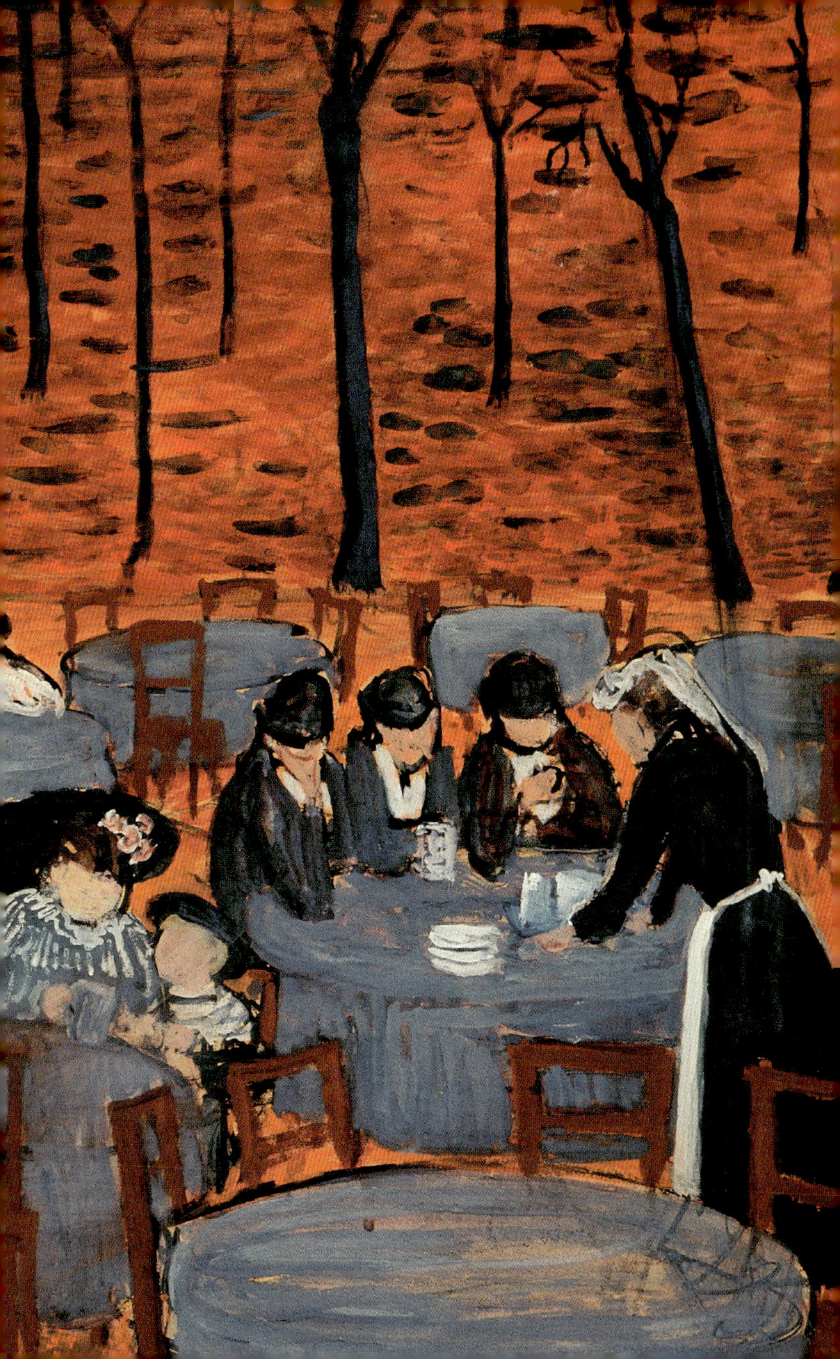

Vorhergehende Doppelseite: **Biergarten**, 1907, Tempera auf Papier auf Karton, 55 × 73 cm

ches, quasi tatsächlich fassbare Realitäten, zur Sprache. Das Entscheidende aber ist, dass sie hier über die Jahre ihre eigenen künstlerischen Überzeugungen formuliert, die wir später in ihren Bildern wiederfinden können, und dass sie sich aus der Sackgasse, in die sie sich durch ihre Absage an die Malerei hineinmanövriert hat, allmählich wieder herausarbeitet und neuen Mut schöpft. So schreibt sie schon Anfang 1903, dass sie „im Kampf" mit ihrem höheren Ich „alle [...] Kräfte wiedergewonnen" hätte. Und in der Tat, in den zahlreichen überlieferten Skizzenbüchern, die zu den freiesten und lebendigsten Schöpfungen gehören, die Werefkin hervorbringen sollte, lassen sich die ersten zaghaften Zeichnungen in dieses Jahr datieren. 1905 ist es dann so weit: „Diese Briefe", schreibt sie im letzten Eintrag, „die so voll sind von meinem naiven Glauben und blauen Träumen, existieren nicht mehr. Ich habe in mein Herz geschaut. Ich habe dort die Ruhe gesehen. Ich kann dieses Heft schließen."

Die Kunst der Zukunft ist die emotionale Kunst.

Marianne von Werefkin, vor 1900, überliefert durch Clemens Weiler

Werefkin eröffnet nur kurz darauf ein neues altes Kapitel und nimmt den Pinsel wieder selbst in die Hand: Schon bald geht es nur in eine Richtung, und das ist vorwärts. Die ersten Gemälde nach ihrer künstlerischen Pause, wie *Biergarten*, werden heute auf 1907 datiert.

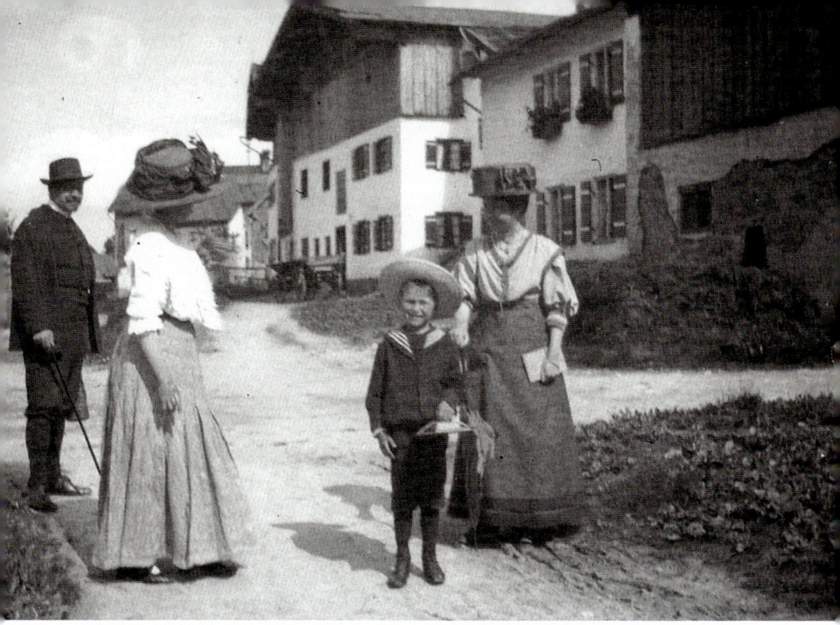

Von links nach rechts: Alexej von Jawlensky, Marianne von Werefkin, Sohn Andreas und Gabriele Münter in Murnau, Sommer 1908

Das „Wunder von Murnau" und was folgte …

DIE MALERIN KEHRT MIT MACHT ZURÜCK

Bevor das Künstlerpaar mit seinen Malerkollegen Kandinsky und Münter während der gemeinsamen Sommeraufenthalte in Murnau zwischen 1908 und 1910 Kunstgeschichte schreiben sollte, unternehmen Werefkin und Jawlensky zu zweit viele kleinere Reisen ins bayerische Umland, aber auch größere Fahrten nach Frankreich oder in die Schweiz.

Auf diesen Reisen reift in Werefkin nach und nach die Erkenntnis, selbst wieder schöpferisch tätig werden zu müssen.

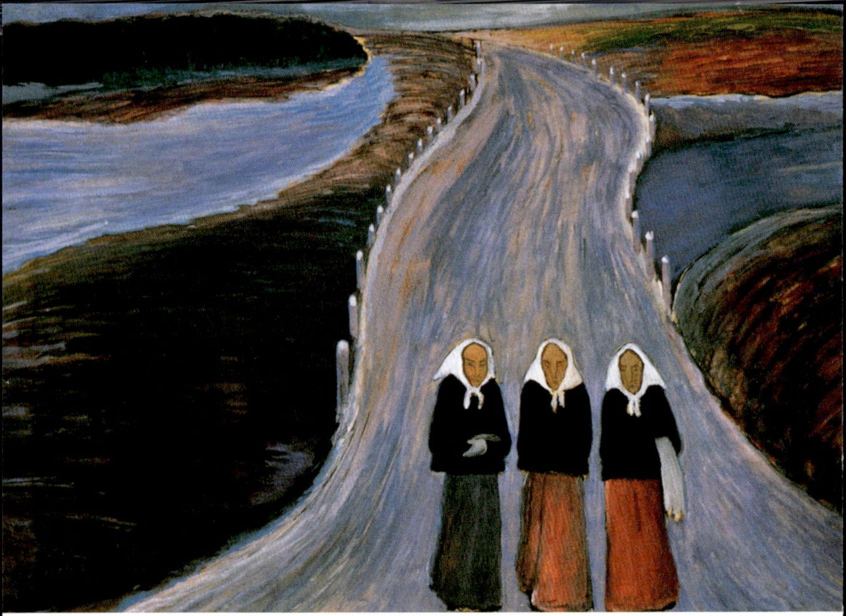

Die Landstraße, 1907, Tempera auf Papier auf Karton, 69 × 105 cm

1903 und 1906 sind sie in Paris, in der Bretagne und Provence, dazwischen auch viel in der näheren Umgebung Münchens unterwegs wie 1904 in Reichertshausen, im Frühjahr 1905 in Füssen und vermutlich sogar zweimal – 1906 und 1907 – in Wasserburg. Spätestens bei diesem zweiten Aufenthalt in der so malerisch am Inn gelegenen Stadt tritt der Wendepunkt ein, denn Werefkins erste größere Werke lassen sich motivisch dem Ort, der sich seiner Umgebung so natürlich anzuschmiegen weiß, zuordnen.

Durchaus bemerkenswert ist dabei, dass in den Bildern des Jahres 1907 sogleich nahezu alle entscheidenden Eigenheiten, die ihr Werk bis zu ihrem Lebensende charakterisieren, ausgebildet sind. Dazu gehören die ihrer gesamten Bildwelt zugrunde liegende symbolistisch-bedrückende Grundstimmung, das Andeuten von Geschichten, die der Betrachter „weiterspin-

Und ich möchte arbeiten. Das ist mein glühender Wunsch. Ein wütendes Verlangen beißt mir ans Herz, mit der Farbe umzugehen.

Marianne von Werefkin in ihren *Briefen an einen Unbekannten*, 1902

nen", quasi im Geiste fortführen und „ausmalen" kann, und eine gewisse wohltuende Naivität in der Schilderung der dargestellten Figuren wie überhaupt ein märchen- und traumhafter Charakter der von ihr erfundenen Szenerien. Stilistisch wiederum zeugen all diese Werke bereits von Beginn an von der für sie typischen homogenen Flächigkeit, die durch einen regelmäßig gesetzten, schmalen Pinselstrich erzeugt und belebt wird. Hinzu kommt das unverkennbare Charakteristikum der häufig in ihren Bildern parallel- beziehungsweise gleichgeschalteten Figurenreihen wie im Gemälde *Die Landstraße.*

Doch wie kommt sie so schnell zu einem derartig festgelegten Bildprogramm, und was ist der präzise Auslöser, dass sie nach zehn Jahren Abstinenz plötzlich wieder beginnt zu malen? Das sind Fragen, die eng verzahnt sind.

WARUM DIESER NEUANFANG, UND WER PRÄGTE IHREN UNVERWECHSELBAREN STIL?

Zwischen 1901 und 1906, das kann man in ihren *Lettres à un Inconnu* sehr gut verfolgen, wird Werefkin allmählich bewusst, dass ihr Ziel, durch Jawlensky ihre eigenen künstlerischen Ambitionen zu verwirklichen, nicht umzusetzen ist. Dies lässt sich an einem simplen Beispiel veranschaulichen: Während Jawlensky ab 1904 begeistert ist von der leidenschaftlichen Malerei Vincent van Goghs, predigt Werefkin die flächig-ornamentale Kunst Paul Gauguins. Beide berühmten Künstler sind heute als „Väter der Moderne“ bekannt, nichtsdestotrotz vertreten sie zwei völlig unterschiedliche Richtungen, die auf je eigene Weise die Kunst des 20. Jahrhunderts vorbereitet haben. Die symbolistisch-spirituell aufgeladene Kunst Gauguins und die von ihm abhängige Künstlergruppe **Nabis*** führen über die ornamentale Jugendstilbewegung in die flächig-rhythmisierte

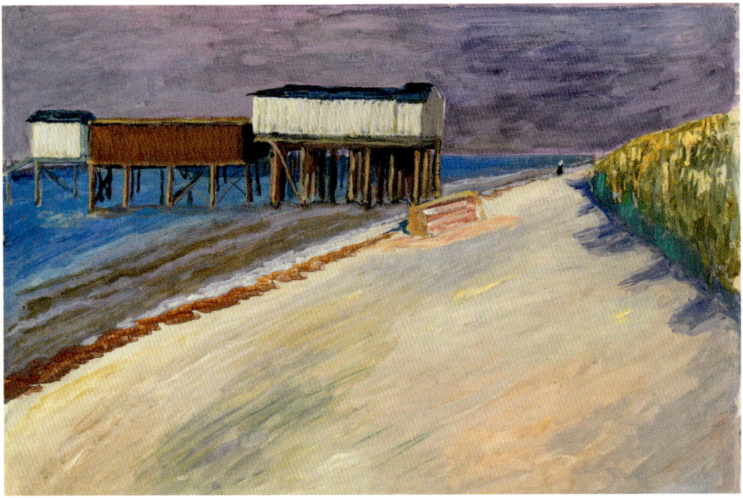

Badehaus, 1911, Tempera auf Karton, 46 × 70 cm

In diesem während des Ostseeaufenthalts in Prerow entstandenen Bild findet sich sowohl Gauguins typische, dem Impressionismus nahestehende Malweise mit den kurz gesetzten regelmäßigen Pinselstrichen, die eine gewisse Flächigkeit erzeugen, als auch die durch den violetten Himmel sowie den steilen und zugleich flächigen „Tiefenzug“ mit der bedeutungsvollen kleinen Figur (eine Nonne?) aufgeladene überzeitlich-symbolistische Atmosphäre.

Alle Bilder, die ich seit langem in mir trage, stehen wieder auf. Visionen und Farben, alles dreht sich in mir und um mich. Heute am Morgen brannten mir die Pinsel in den Händen.

Marianne von Werefkin in ihren *Briefen an einen Unbekannten*, 1902

Abstraktion. Der temperamentvolle Pinselstrich van Goghs leitet über die „Wildheit“ der **Fauvisten***, verkürzt formuliert, hinüber zur gestischen Abstraktion. Doch der intuitiv arbeitende Jawlensky bevorzugt um 1904/06 die kraftvolle Farbenmalerei und reagiert nicht wirklich auf Werefkins Drängen, sich mit Gauguin und dessen häufig von religiösen Anspielungen durchdrungenem Werk auseinanderzusetzen. 1907 zieht sie den einzig richtigen Schluss und beginnt, nachdem sie ja schon länger wieder gezeichnet hat, auch wieder zu malen. Wie sehr sich Werefkin dabei grundlegend an Gauguin orientiert, geht aus dem 1911 entstandenen delikaten Gemälde *Badehaus* hervor.

Drei andere moderne Künstler sind schließlich noch zu erwähnen, um Werefkins metaphorische Bildsprache besser verstehen zu können. Dies sind Alfred Kubin, Edvard Munch und Ferdinand Hodler. Mit Kubin pflegt Werefkin um 1905/06 engen Kontakt, was neben ihren eigenen Erwähnungen auch dadurch belegt ist, dass Jawlensky 1905 dessen Frau Hedwig porträtiert. Ihre ersten Werke in Pastell und Buntstift stehen diesem visionären, abgründigen Zeichner besonders nahe. Bei Munch dürfte neben den bedrückenden, melancholisch aufgeladenen Bildwelten dessen Hang zum Existenziellen Werefkins Interesse geweckt haben, und bei Hodler, den sie auf der Rückreise aus Frankreich zum Jahreswechsel 1906/07 in Genf besucht, sind

Der rote Baum, 1910, Tempera auf Papier auf Karton, 75,5 × 56,5 cm

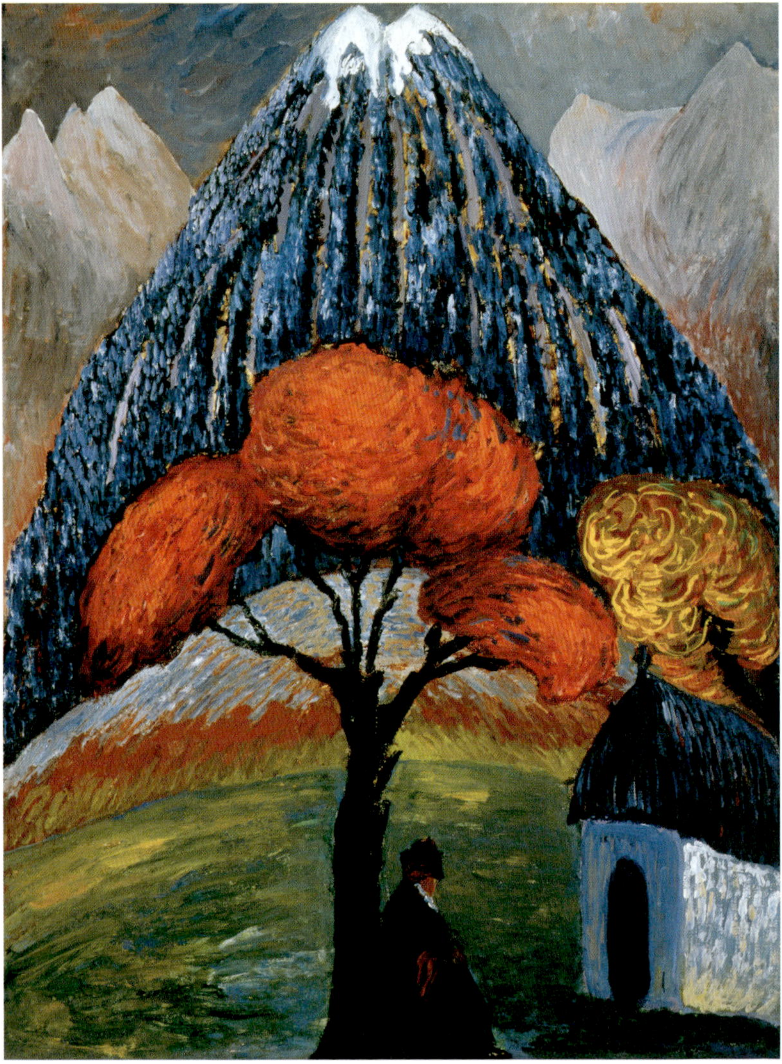

ihr sicherlich die parallelen Figurenreihen aufgefallen. All dies weiß sie sofort für sich zu nutzen, wofür Bilder wie *Die Landstraße* oder *Herbst – Schule* (s. Abb. Vorsatz) der beste Beweis sind. Auch ist ohne die Kenntnis seiner Malerei eine so aufgeladene pathetische Bergansicht wie *Der Rote Baum* gar nicht denkbar.

Hodler, der in den Walliser Alpen lebt und bis 1907 bereits viele Berglandschaften geschaffen hat, ist wohl schließlich der Auslöser dafür, dass sich Werefkin mit Jawlensky kurz darauf einen Ort in Alpennähe fern der Großstadt sucht. Immerhin berichtet Jawlensky, dass „dieser Abend mit Hodler, seiner Frau und Marianne von Werefkin einer der interessantesten Abende" gewesen sei, den er „je erlebt habe." Und das den westlichen Alpen Hodlers gleichende Oberbayern mit seinem Marktflecken Murnau ist von ähnlicher Beschaffenheit. Zudem ist der Ort von München aus mit der Bahn gut zu erreichen und mit seinem flachen weiten Moor und den daran direkt anstoßenden, recht steil aufragenden Bergen künstlerisch ideal, um im Bild Gegensätze aufeinanderprallen zu lassen. Als Münter und Kandinsky, von Werefkin und Jawlensky herbeigerufen, im Sommer 1908 ebenfalls hier eintreffen, ist dies der erste von drei aufeinanderfolgenden Aufenthalten, während derer das sogenannte Wunder von Murnau geschieht: In diesen Monaten entsteht der Expressionismus in Deutschland – und das abseits gelegen auf dem Land, wo üblicherweise das Theoretische weniger zählt als das Praktische und allein die reine Malerei im Vordergrund steht.

Erreicht wird in dieser kurzen Zeit durch das kreative Zusammenspiel der vier Künstler mehreres: Die Farbe, die plötzlich nicht mehr an den Gegenstand gebunden ist, wird mit ihrem

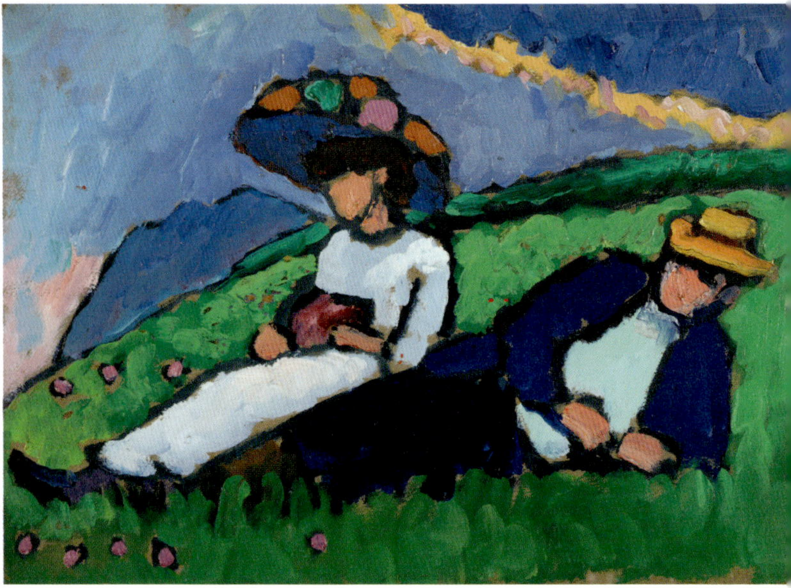

Gabriele Münter, **Jawlensky und Werefkin auf der Wiese**, 1909, Öl auf Karton, 32,7 × 44,5 cm

materiellen Eigenwert zum selbstständigen Bildthema, die Perspektive wird „entmachtet", wodurch sich die Bildfläche betont findet, und die Emotionalität – das wesentliche Element für jegliche expressive Kunst – wird durch einen sichtbaren Pinselstrich und den Einsatz kraftvoller Farbigkeit gesteigert. Damit wird das Bild subjektiv.

Dass Marianne von Werefkin während dieser glücklichen Sommermonate der Jahre 1908 bis 1910 eine der inspirierenden Kräfte ist, zeigen zwei Bilder Gabriele Münters. Darin charakterisiert sie Werefkin, die in Murnau gemeinsam mit Kandinsky die kunsttheoretischen Diskussionen führt, als bestimmende und beeindruckende Person. Während im *Doppelbildnis* Jawlensky entspannt auf der Wiese liegt und sich vom vielen Malen ausruht, sitzt Werefkin neben ihm aufrecht und wirkt ganz elektrisiert. Im Porträt, das vor dem maisgelben **„Russenhaus"*** entstanden ist, muss man schließlich bewundernd von tief unten hoch zu Werefkin aufschauen, wo man schließlich aus dem Dunkel des ausladenden Hutes heraus mit magisch blauen Augen und bannendem Blick triumphierend auf Distanz gehalten wird. Auf allen Bildern wirkt Werefkin deutlich jünger, als sie mit ihren 50 Jahren tatsächlich ist.

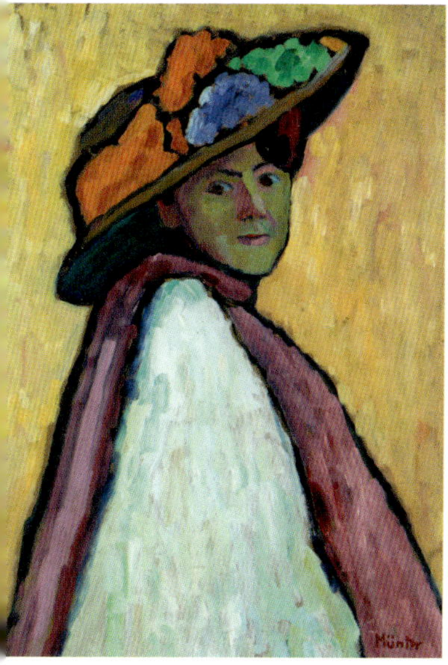

Gabriele Münter, **Bildnis Marianne von Werefkin**, 1909, Öl auf Karton, 81 × 55 cm

Ihre eigenen in Murnau entstandenen Werke, wie *Abend in Murnau*, wirken weniger impulsiv, dafür konstruierter, narrativer und deshalb mehr vom Kopf gedacht als die ihrer drei Kollegen. Im Kontrast dazu stehen ihre unzähligen virtuosen Aquarelle in den Skizzenbüchern, an deren überzeugenden Leichtigkeit man förmlich sehen kann, dass es ihr mitunter schwergefallen ist, diese nötige „flüssige" Unbedarftheit und Frische auf ein größeres Format zu übertragen. Während Jawlensky und Münter in Murnau von den kunsttheoretischen Diskussionen Werefkins und Kandinskys profitieren, nutzen diese wiederum die malerische Entschlossenheit von jenen, denn auch Kandinsky benötigt seine Zeit, um sich „freizuschwimmen". So ist es ihnen an diesem bedeutsamen Ort der Kunstgeschichte nur gemeinsam im

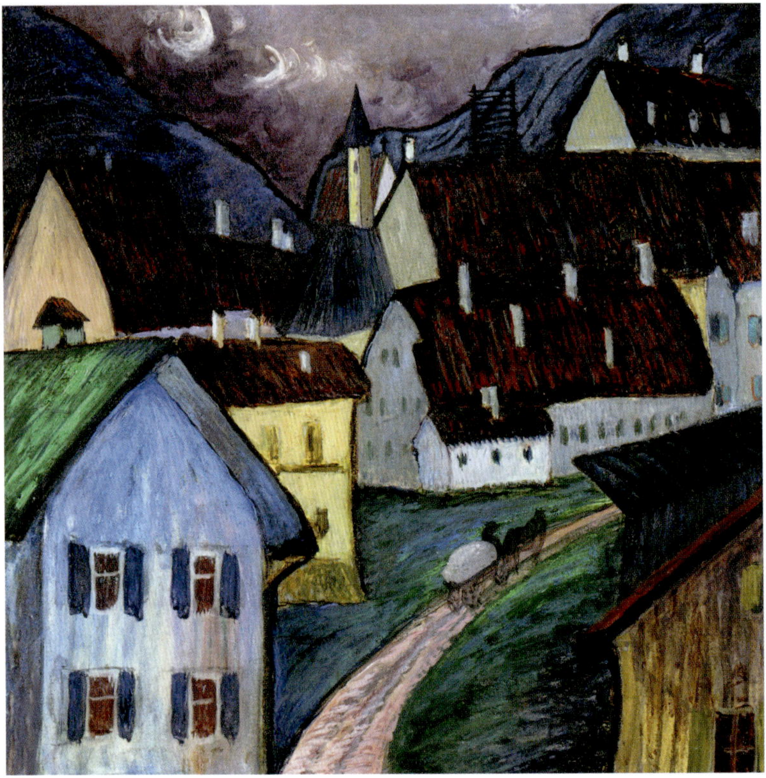

Abend in Murnau, 1907/10, Tempera auf Karton, 41 × 40,6 cm

Viererbunde gegeben gewesen, die Tür zur Erneuerung der Kunst am Beginn des 20. Jahrhunderts derart kraftvoll aufzustoßen.

VON DER NEUEN KÜNSTLERVEREINIGUNG MÜNCHEN ZUM BLAUEN REITER

Während im Sommer in Murnau tagsüber viel gemalt und abends diskutiert wird, entstehen zu Hause in München über den Winter Pläne, um die erreichte künstlerische Revolution in die breite Öffentlichkeit zu tragen. Aus dem Wissen heraus, dass man gemeinsam mehr Aufsehen erregt, als ein Maler es allein könnte, wird Anfang 1909 die Neue Künstlervereinigung München (NKVM) gegründet. Deren erste Vorsitzende sind zwar Kandinsky und Jawlensky, aber laut August Macke soll die eigentliche „Seele des ganzen Unternehmens" Werefkin gewesen sein. Dies ist sogar sehr wahrscheinlich, hat sie doch zu Beginn der Münchener Jahre schon einmal eine Malervereinigung, die Lukas-Gesellschaft, ins Leben gerufen und generell Freude am „Netzwerken".

Insgesamt gibt es in München zwischen 1909 und 1911 drei Präsentationen der NKVM. Für Werefkin ist dies zugleich auch der Startschuss für ihre Ausstellungstätigkeit. 1909 und 1910 zeigt sie in der Modernen Galerie Heinrich Thannhauser je sechs Gemälde, darunter die *Wäscherinnen* oder *In die Nacht*

Wäscherinnen, um 1909, Tempera auf Papier auf Karton, 50,5 × 64 cm

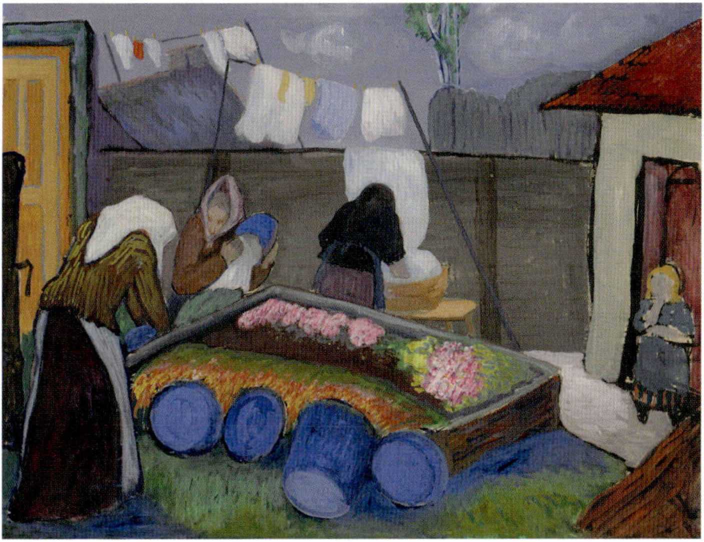

Der Kunstsalon als Katalysator der Moderne

Für junge, progressive Künstler, die einen anderen Weg einschlagen wollen als die gut sichtbaren, bereits ausgetretenen Pfade, ist es lange unmöglich, ihre Werke der Öffentlichkeit zu präsentieren. Ende des 19. Jahrhunderts steuern Kunstvereine die öffentlichen Museen, und deren Leiter sind arrivierte Künstlerprofessoren, die wiederum an den Kunstakademien unterrichten. Ein solch geschlossenes System bringt mit sich, dass die Schüler dieser konservativen Professoren nur in den Olymp der hell erleuchten Ausstellungssäle kommen, wenn sie ihrem Meister „nach dem Munde malen". Die jährlich stattfindenden sogenannten *Großen Kunstausstellungen*, auf welchen nicht selten tausend und mehr Arbeiten präsentiert werden, sind ebenfalls keine Alternative für die junge Generation, da sich die Jury zumeist aus denselben Künstlerprofessoren zusammensetzt, die auch an den Akademien lehren oder die über die Kunstvereine die Museen lenken.

Diese Lücke spürend, gründen sich in jeder größeren Stadt ein bis zwei Galerien oder Kunstsalons, die sich auf jüngere, von offizieller Seite unbeachtete Künstler spezialisieren. In München etwa sind es die Moderne Galerie Heinrich Thannhauser, die der angefeindeten Malerei der Neuen Künstlervereinigung München und dem Blauen Reiter ihre Räume zur Verfügung stellt, oder Brakls Moderne Kunsthandlung, wo August Macke und Franz Marc 1910 noch vor der Existenz des Blauen Reiters ihre ersten Einzelausstellungen haben. In Dresden darf sich 1909 im Kunstsalon von Emil Richter die KG Brücke, die aus den damals „blutjungen", heute längst zum Kanon der Kunstgeschichte zählenden Malern Erich Heckel, Ernst Ludwig Kirchner, Max Pechstein oder Karl Schmidt-Rottluff besteht,

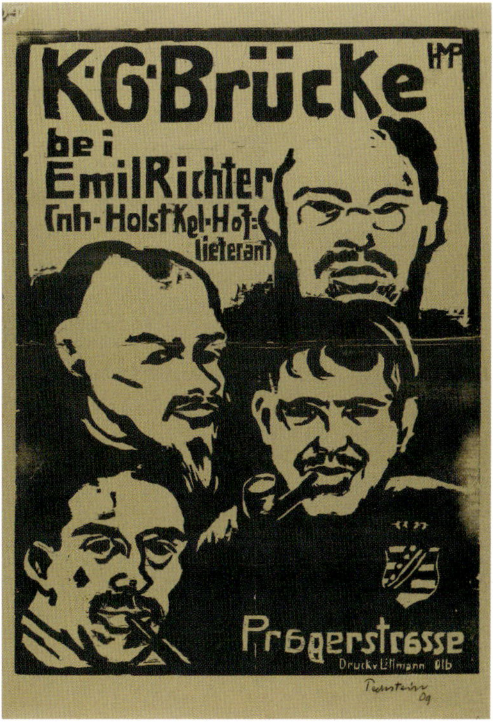

Max Pechstein, **Ausstellungsplakat KG Brücke, Dresden, Emil Richter**, 1909, Holzschnitt, Blatt: 93 × 63,3 cm

dem Urteil der Besucher stellen. Letzterer erhält nur ein Jahr darauf in der Hamburger Galerie Commeter sogar seine erste Einzelausstellung. In Berlin wiederum tritt die 1912 von Herwarth Walden eröffnete Sturm-Galerie mit aller Wucht in Erscheinung, in der Werefkin einige ihrer Werke zeigen kann. Walden ist es auch, der als Protest gegen die Sonderbundausstellung in Köln für dort abgewiesene Künstler seine Galerie zur Verfügung stellt.

Ohne die Kunstsalons und den idealistischen Einsatz ihrer Betreiber vor dem Ersten Weltkrieg sähe die freie Kunstszene heute anders aus – dies vor allem, weil die Avantgarde sich nicht in dieser Weise hätte Bahn brechen können.

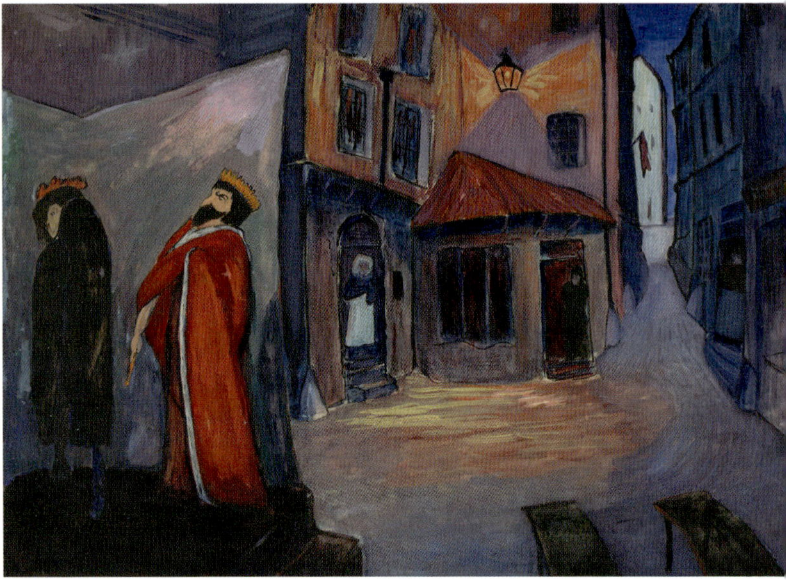

In die Nacht hinein, 1910, Tempera, Mischtechnik auf Papier und Karton, 74 × 101 cm

hinein, sowie 1911 am selben Ort, als die Vereinigung bereits im Begriff steht sich aufzulösen, acht Werke. Festzuhalten ist, dass von Ausstellung zu Ausstellung eine Internationalisierung der NKVM stattfindet, die sich auch in den Beiträgen des begleitenden Katalogheftchens bemerkbar macht, da es unbedingt gewollt ist, dass aktuelle französische Künstler wie Georges Braque, André Derain, Pablo Picasso oder Odilon Redon teilnehmen. Einer der Türöffner zur französischen Kunstwelt dürfte der Maler Pierre-Paul Girieud gewesen sein, der in den Jahren 1904 bis 1906 in Paris mit Jawlensky gemeinsam ausgestellt hat. Diese Verbindung wurde zur engen Freundschaft. Nicht nur dass gegenseitig Bilder getauscht werden, sondern Girieud wird auch zu allen drei Präsentationen der NKVM eingeladen. Indes ist bemerkenswert, dass die kenntnisreiche „Kunsttheoretikerin" Werefkin in keinem der Kataloghefte die Chance nutzt, sich wie andere Maler schriftlich zu äußern.

Wir gehen aus von dem Gedanken, daß der Künstler außer den Eindrücken, die er von der äußeren Welt, der Natur, erhält, fortwährend in einer inneren Welt Erlebnisse sammelt [...].

Aus dem Gründungszirkular der Neuen Künstlervereinigung München, Frühjahr 1909

Möglicherweise lag ihr das Mündliche mehr als das Schriftliche, oder es war ihr schlicht nicht wichtig, wie Kandinsky, der neben dem Almanach des Blauen Reiters 1912 auch das bedeutende Buch *Über das Geistige in der Kunst* herausgab, ihre Theorien stringent zu Ende gedacht publiziert zu wissen.

Auch wenn Werefkin nie direkt Mitglied des Blauen Reiters ist – vermutlich weil sie anfänglich ihr „Kind“, das die NKVM gewesen ist, nicht verlassen, das heißt sich selbst überlassen will –, hat sie doch einen Anteil an der Entstehung dieser berühmten Gruppe. Denn durch die Skandale ihrer NKVM-Vereinigung wird der junge Künstler Franz Marc, der ihre „neuen“ Kunstbestrebungen aufs Leidenschaftlichste verteidigt, im Januar 1911 zum Mitglied und dritten Vorsitzenden der NKVM. Dieser ist es indes, der mit Kandinsky im Geheimen und parallel zur dritten Ausstellung der NKVM im Dezember 1911 den Blauen Reiter plant. Erst als die NKVM-Aktivitäten nach und nach eingestellt werden, präsentieren Werefkin und Jawlensky ihre Werke im Rahmen des Blauen Reiters.

Ihren größten messbaren künstlerischen Erfolg hat Werefkin gleichzeitig mit der Stilllegung der NKVM im Mai 1912. Richard Reiche, ein Kenner, Liebhaber und seit 1909 absoluter

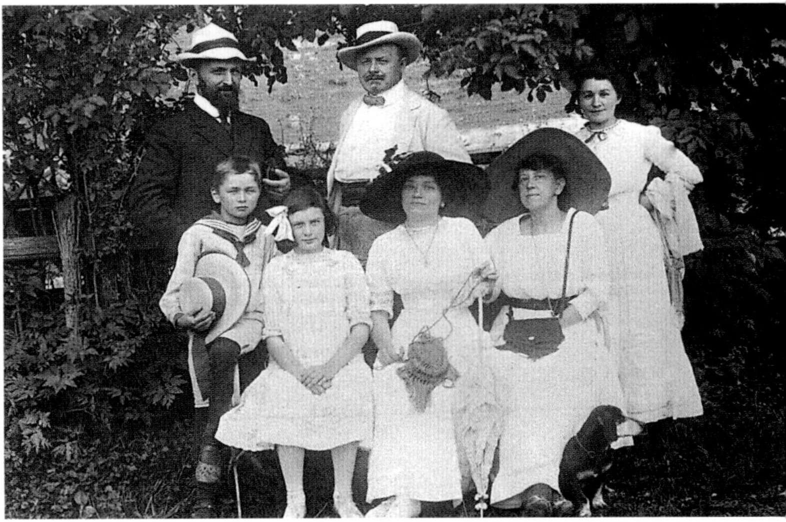

In Oberstdorf 1912, von links nach rechts: Dimitri Kardowsky, Andreas von Jawlensky, Ekaterina (Katja) Kardowsky, Alexej von Jawlensky, Olga Kardowsky, Marianne von Werefkin und Helene Nesnakomoff

Experte der jüngsten expressionistischen Kunst, zeigt in Barmen, heute Stadtteil von Wuppertal, inhaltlich sehr passend neben Edvard Munch 43 ihrer Arbeiten. Es sollte allerdings die umfangreichste Präsentation der Künstlerin bleiben. Dazu angeregt wird Reiche wohl durch Jawlensky, der nur wenige Monate zuvor ebenfalls dort seine Werke in einer Einzelausstellung präsentiert und trotz der zunehmenden privaten Schwierigkeiten ein gutes Wort für seine Partnerin eingelegt haben dürfte, wenn er sie ihm nicht sogar vorgeschlagen hat. Ein Gleiches tut Jawlensky, als er sich im Mai 1914 inmitten der größten Krise des Paares, in der sie zehn Monate getrennt leben, für sie einsetzt und auf der *Baltischen Ausstellung* in Malmö als Verantwortlicher für die russische Sektion ihre Beteiligung sichert. Gerade auf diese internationale Ausstellung ist sie später sehr stolz.

OSTSEE, OBERSTDORF UND WILNA – LETZTE REISEN VOR DEM ERSTEN WELTKRIEG

Parallel zu diesem von regelrechten Skandalkritiken begleiteten künstlerischen Aufbruch – die Maler der NKVM werden in den *Münchner Neuesten Nachrichten* als „unheilbar irrsinnig" beschrieben – unternehmen Werefkin und Jawlensky ab und an auch größere Reisen. „Im Frühling 1911 fuhren wir nach der Ostsee nach Prerow, Werefkin, André, Helene und ich", berichtet Jawlensky und stellt fest, dass er dort seinen künstlerischen Durchbruch erreicht hätte, den er in Wahrheit bereits 1910 mit dem Bild *Nikita* hatte, als er in München über die Ostertage den Neffen Werefkins porträtiert hat.

Wir auf unserer Halbinsel Darss fühlen uns noch immer auf einer Entdeckungsreise nach Lebensmitteln und Objekten für künstlerische Inspiration.

Marianne von Werefkin von der Ostsee an Franz und Maria Marc, Juni 1911

Wie auch immer, beide sind ausgesprochen produktiv in jenen letzten Jahren vor dem Ersten Weltkrieg. Teilweise arbeiten sie direkt nebeneinander wie 1911 in Prerow oder 1912 in Oberstdorf, wo sie den Sommer mit der Familie Kardowsky verbringen, oder aufgrund ihrer sich ständig weiter verschärfenden Krise getrennt voneinander: Werefkin in Litauen und Jawlensky in Bordighera. So ließe sich schon aus den Bildmotiven der inzwischen tiefe Spalt in der persönlichen Beziehung des Künstlerpaares herauslesen, denn während sie in Wilna Winterbild auf Winterbild malt, wie *Polizeiposten in Wilna,* malt er an der italienischen Küste warme, frühlingshaft

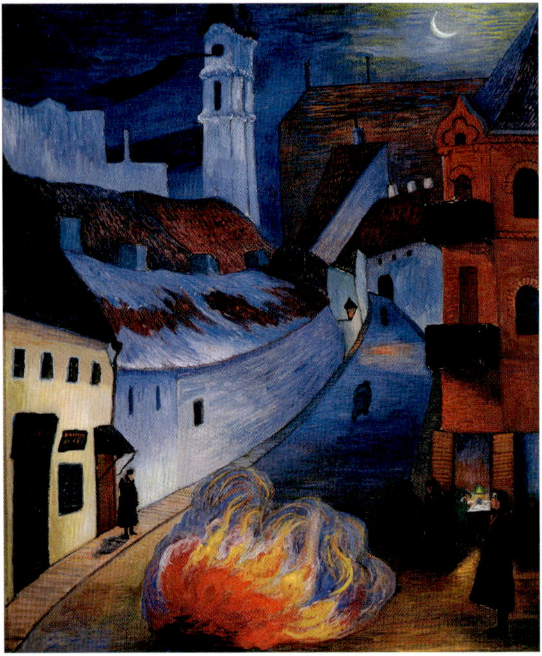

Polizeiposten Wilna, 1914, Tempera auf Papier auf Karton, 98 × 82 cm

wirkende Arbeiten. Diese sich schleichend vollziehende Verschärfung der Situation inspiriert Werefkin schon 1910 zu dem Gemälde *Tragische Stimmung*, eines ihrer sprechendsten Werke. Natürlich hat Werefkin darunter gelitten, dass sie sich wohl vor allem durch das zunehmende Alter von Jawlenskys Sohn in dieser vor sich hin gärenden Vierecksbeziehung – Werefkin, Jawlensky, Helene und Andreas Nesnakomoff – immer weiter aus dem Zentrum, in dem sie sich so gern befunden hat, an den Rand gerückt sieht. In diesem Sinne dürfte das im Grundton „eifersuchtsrote" Bild mit der sich trotzig vom Haus abwendenden Frau im Vordergrund als ein Kommentar zu ihrer persönlichen Situation innerhalb ihres Haushalts zu interpretieren sein.

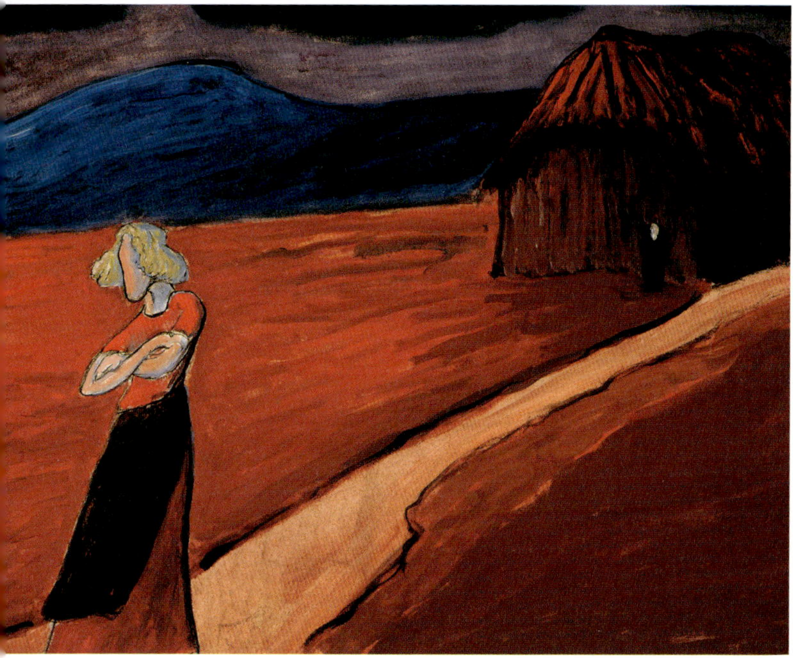

Tragische Stimmung, 1910, Tempera auf Papier auf Karton, 46,8 × 58,2 cm

Dass sich die über viele Jahre hinweg durch unzählige gemeinsame Erlebnisse zusammengewachsene „Viererbande" noch ein letztes Mal zusammenraufen kann, als man sich nach einer zehnmonatigen Trennung im Sommer 1914 wieder trifft, liegt vermutlich am sehr plötzlich auftretenden gemeinsamen Feind: dem Ausbruch des Ersten Weltkriegs. Wenn sich alle bedroht sehen, schließen sich die Reihen wieder. Das war schon immer so.

Der Erste Weltkrieg – Ausweg Schweiz

UNFREIWILLIGE VERÄNDERUNGEN

Als Werefkin aufgrund des Ersten Weltkriegs als russische Staatsangehörige mit Alexej von Jawlensky, Helene Nesnakomoff und deren inzwischen zwölf Jahre alten Sohn Andreas Deutschland in nur 48 Stunden verlassen muss, bricht für sie eine Welt zusammen. Nach der Kriegserklärung Österreich-Ungarns an Serbien Ende Juli 1914 ist schnell klar, dass sie ihr mondänes Leben in München aufgeben müssen. In die neutrale Schweiz dürfen sie nur das mitnehmen, was sie tragen können, und mit dem Wenigen kommen sie an den Genfer See. In Schwabing lassen sie ihre Gemälde, Zeichnungen und Skizzenbücher, ihren Hausrat und ihre Katze zurück. Schwer wiegt auch, dass sich das über viele Jahre hinweg dicht geknüpfte Netzwerk sehr plötzlich im Nichts auflöst – alles gerät aus den Fugen. Viele ihrer Freunde wie Adolf Erbslöh oder Alexander Kanoldt, wichtige Mitglieder der NKVM, müssen Kriegsdienst leisten, Bechtejeff kehrt sofort zurück nach Russland, und wieder andere wie das Paar Münter und Kandinsky – eine ebenfalls pikante und, wie man weiß, nicht mehr lang anhaltende Verbindung – fliehen über Umwege nach Zürich.

ERSTE ANLAUFSTATION: SAINT-PREX AM GENFER SEE

Das kleine Fischerdorf Saint-Prex am Nordufer des Genfer Sees, wo sie im September zu viert in der Rue de Motty 2 eine kleine Zweieinhalbzimmerwohnung im ersten Stock beziehen, wird von ihnen als erste Unterkunft im Exil natürlich nicht zufällig gewählt – es liegt exakt zwischen Lausanne, wo ihr langjähriger Freund Alexander von Chruschtschow wohnt und bei dem sie etwa einen Monat unterkommen, und Genf, wo sie Ferdinand Hodler in der Nähe wissen. Ihre Rente wird

Wir mußten unsere Wohnung verlassen mit allen Möbeln und Kunstgegenständen und durften nur das mitnehmen, was wir in der Hand tragen konnten. Alexej von Jawlensky in seinen *Lebenserinnerungen*, 1937

sogleich nach Kriegsausbruch um die Hälfte gekürzt und 1917, als sie bereits weiter nach Zürich ziehen, aufgrund der russischen Revolution gänzlich eingestellt. Gerade Hodler ist in jener schwierigen frühen Schweizer Phase erneut wichtig für Werefkin: „Jeder, der ihn gekannt hat", erinnert sie sich im Nachhinein, „hat ihm vieles zu verdanken. [...] um ihn war eine echte künstlerische Atmosphäre. Wir sind aus Zürich jede Woche zu ihm nach Genf gefahren." Aber auch zu anderen Freunden aus dem Münchener Paradies wird der Kontakt, nachdem man sich nach dem europäischen Urknall „zurechtgeschüttelt" hat und etwas zur Ruhe gekommen ist, schnell wieder hergestellt.

Am engsten ist die Beziehung zu Lily und Paul Klee, die weiterhin in München leben und auch einen Schlüssel zur Schwabinger Wohnung haben, um für Werefkin und Jawlensky nach dem Rechten zu sehen. Es kommt 1914 und 1915 sogar zu persönlichen Treffen zwischen den beiden Paaren, als Paul Klee seine Eltern in Bern besucht. Im Tagebuch hält Klee, der sie seit 1912 kennt, über eine dieser ausgelassenen Zusammenkünfte fest: „Diesen Sommer verbrachten wir in Bern. [...] Dann reisten wir für einige Tage [...] nach Fribourg [...] zu einem Ren-

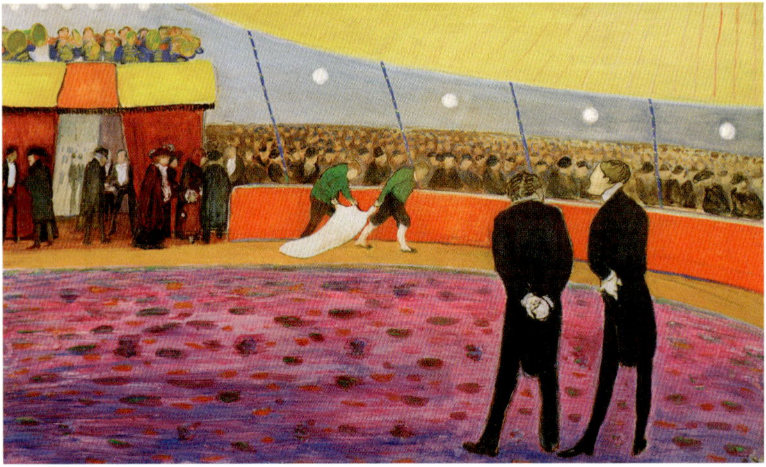

Zirkus/Vor der Vorstellung, 1908/10, Tempera auf Karton, 55 × 90 cm

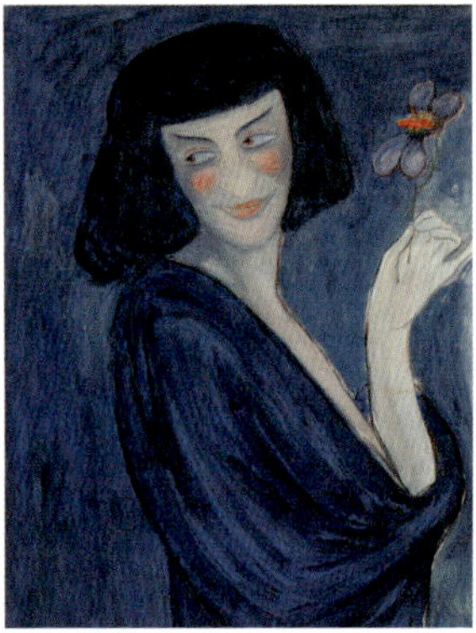

Der Tänzer Alexander Sacharoff, 1909, Tempera auf Papier auf Karton, 73,5 × 55 cm

dezvous mit unsern Russen Jawlensky-Werefkin, die von St. Prex herkamen. [...] Die Russen waren die alten hochbegabten Leute. Wir mussten musizieren und verschleppten Bach in ein Wedekindsches Milieu. Moilliet [Louis Moilliet war mit August Macke und Klee 1914 in Tunis] wurde auch schnell herzitiert [...]. Er kam. Als wir eben das g-Moll Konzert gespielt hatten [...]". Musik, Theater, Tanz und Zirkus gehören schon immer zu Werefkins Leidenschaften, das verraten auch viele ihrer früher entstandenen Bilder, und versüßen das Leben in diesen schwierigen Tagen. Die enge Verbindung mit dem russischen Tänzer Alexander Sacharoff, der seit 1905 in München wohnt und im rosafarbenen Salon ein- und ausgegangen ist, lebt ebenfalls wieder auf. Bei Kriegsausbruch ist er zufälligerweise in der

Kostümball um 1909, von links nach rechts: die Künstlerin Konstantinowka, Igor Grabar, Marianne von Werefkin (die Person direkt vor ihr ist unbekannt), Alexej von Jawlensky, Helene Nesnakomoff und der Tänzer Alexander Sacharoff

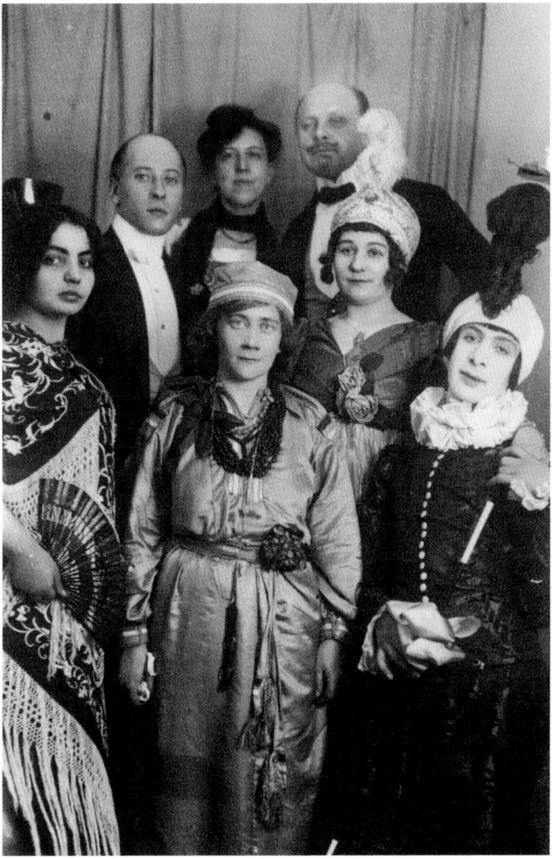

Schweiz und darf nicht wieder nach Deutschland einreisen. Er lässt sich in Lausanne nieder, wohin von München aus seine kongeniale Tanz- und Lebenspartnerin Clotilde von Derp 1916 zieht. Mit gemeinsamen Kräften gelingt es ihnen, auch den berühmten Tanzkollegen Vaslav Nijinsky in die Schweiz zu schleusen.

Man richtet sich eben ein so gut es geht und versucht seine Lieben schnellstmöglich wieder um sich zu scharen. Nur mit dem

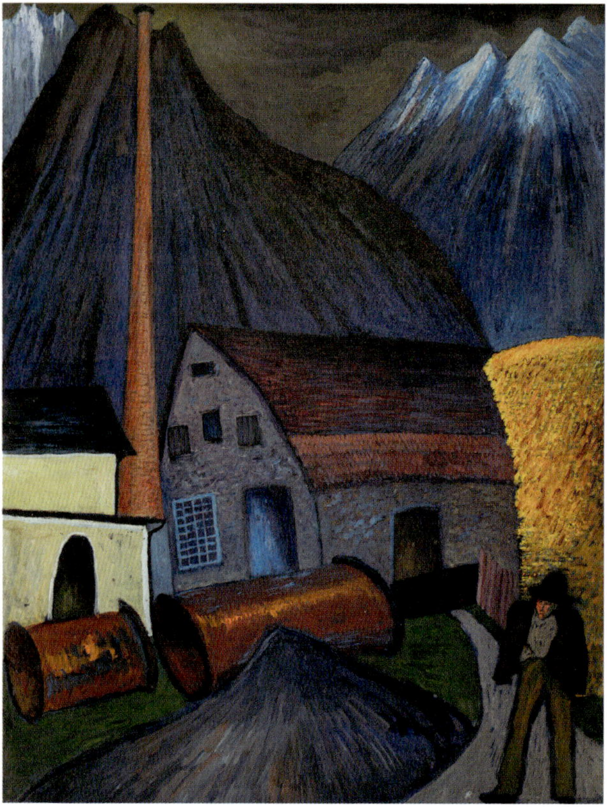

Schindelfabrik, 1910, Tempera auf Karton, 105 x 80 cm

Vor dem Fabrikgebäude in Oberau steht ein von unsichtbarer Hand marionettenartig gelenkt wirkender Arbeiter rechts unten im Bild. Unheimlich wird die Szenerie aber vor allem durch den Umstand, dass alle Eingänge und Fenster des Gebäudes verbarrikadiert sind und die Fabrik insgesamt von einer steil aufragenden, bedrohlich wirkenden Bergkulisse hinterfangen ist. Der Berg selbst wird durch den Schornstein zum Vulkan, der jederzeit ausbrechen könnte. Der Mensch, der hier arbeitet oder arbeiten muss, lebt oder leben muss, ist in keinem Moment sicher.

Wir leben ganz auf dem Lande, in einer winzigen Wohnung, wo man sich kaum drehen kann. Dennoch arbeiten wir beide seitdem wir wieder zu unseren Farben gekommen sind. Marianne von Werefkin an Herwarth Walden, Mai 1915

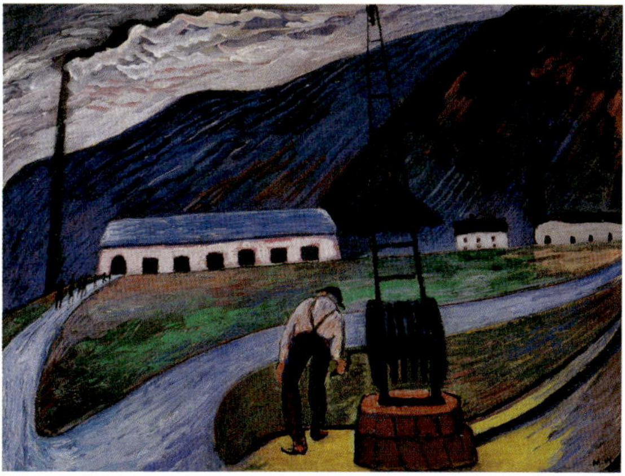

Mühsal, 1917, Tempera auf Papier auf Karton, 44 × 57,5 cm

Malen ist es zu Beginn in der Schweiz schwierig. Von Werefkin sind kaum überzeugende Bilder dieser ersten Monate bekannt, und Jawlenskys Werk nahm erst wieder Fahrt auf, als er um 1915 allmählich zu seiner Serie der *Variationen* findet. Klar ist aber, dass Werefkin dort weitermacht, wo sie in München aufgehört hat. Sehr deutlich wird dies, vergleicht man die *Schindelfabrik* von 1910 mit *Mühsal* von 1917. Es wirkt beinahe so, als wären die Bilder als ein sich gegenseitig ergänzendes Paar konzipiert: Hochformat und Querformat, eine Bergkulisse mit ähnlich beengender Atmosphäre und derselbe Arbeiter, der sich uns einmal zuwendet und einmal von uns abwendet. Mit dem *Lumpensammler* wird darüber hinaus offensichtlich, dass die alten Vorbilder weiterhin bestimmend

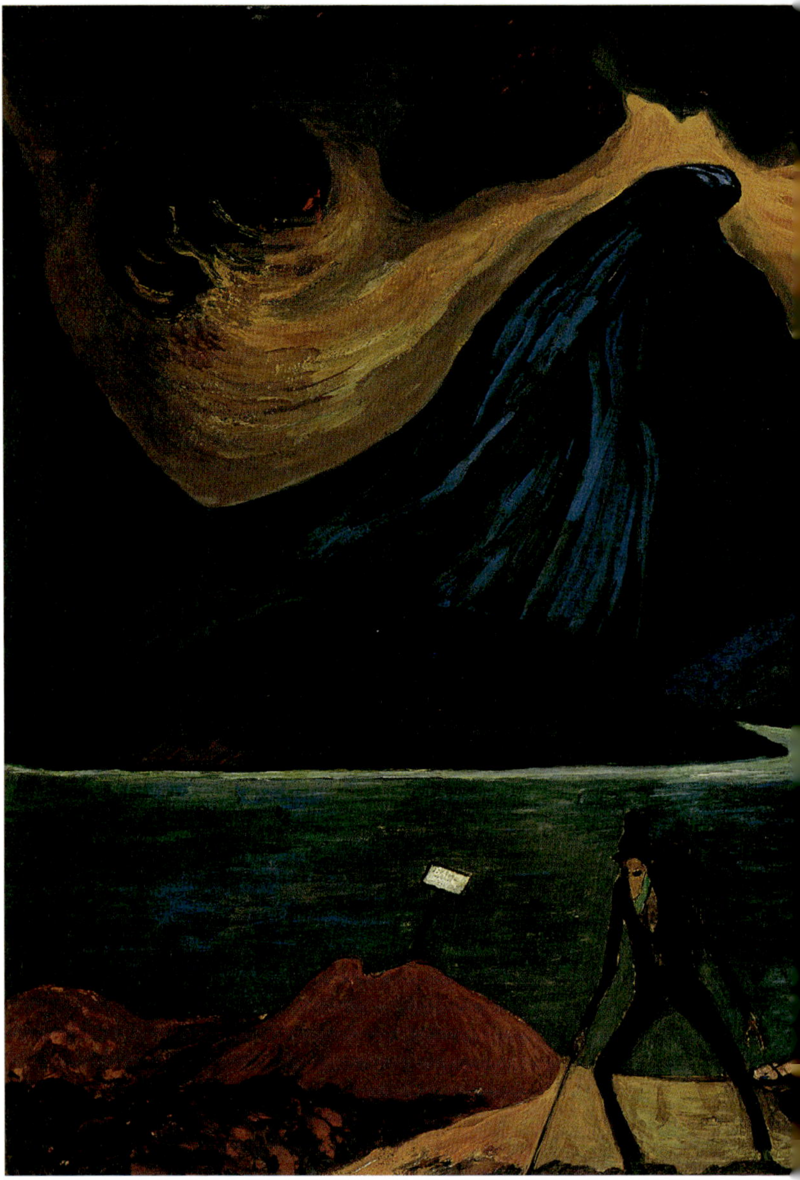

Lumpensammler, 1917, Tempera auf Papier auf Karton, 67 × 97,5 cm

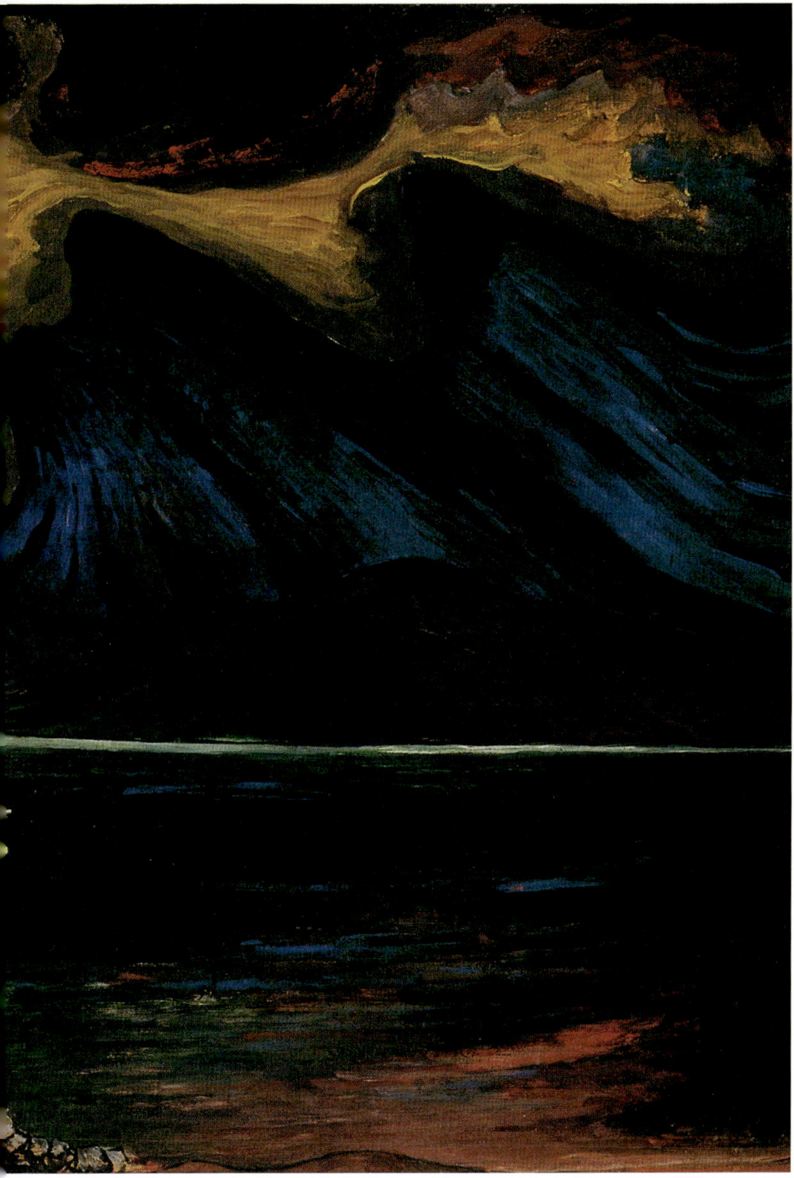

bleiben. Die dürre, uns entgegenwankende schwarze Gestalt, die – einhergehend mit dem über den Gipfeln wütenden Gewitter – äußerst unheilverkündend wirkt, lässt erneut sogleich an Alfred Kubin denken. Die Bergwelt Werefkins jedenfalls wirkt einsam, sogar fast verlassen, was letztlich auch der Grund gewesen sein dürfte, dass man im Herbst 1917 nach Zürich zieht, um sich endlich wieder dem Geschehen der internationalen Kunstszene anzunähern.

UMTRIEBIGKEIT IN ZÜRICH UND STILLE IN ASCONA

Im Oktober 1917 zieht man in Zürich in die Drosselstrasse 5, wo auch das Paar Sacharoff/Derp gemeldet ist. Und tatsächlich ist Zürich damals ein Zentrum der Kunstwelt, da sich wegen des Kriegs viele Künstler aus allen Teilen Europas hier versammeln. Es pulsiert. Werefkin und Jawlensky, die ja nur ein halbes Jahr in Zürich leben, lernen innerhalb kürzester Zeit viele neue Kollegen kennen, etwa Hans Arp und dessen spätere Ehefrau Sophie Taeuber, den Bildhauer Wilhelm Lehmbruck oder den Maler Arthur Segal. Auch sind unter den Bekanntschaften Autoren wie Hugo Ball, Emmy Hennings, Hans Richter oder Tristan Tzara und Persönlichkeiten aus der Musik- und Theaterszene wie Lotte Bara oder Ferruccio Busoni. Das hohe kreative Potenzial in der Stadt führt letztlich schon Anfang 1916 zur **Dada-Bewegung***. So

Von Ihnen selbst habe ich nie einen Brief aus Zürich erhalten. Wie hat es Ihnen dort gefallen? Bleiben Sie länger in Ascona, für ganz? Dort muß ja das Paradies auf Erden sein.

Lily Klee an Marianne von Werefkin, 22. August 1918

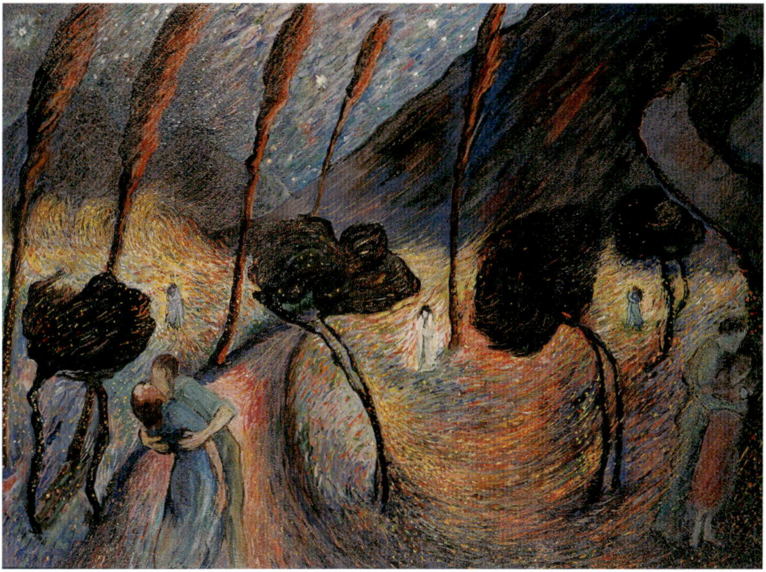

Liebeswirbel, um 1917, Tempera auf Papier auf Karton, 45,5 × 60 cm

sehr Werefkin das kulturelle Leben hier genießt, ihre Positionen behält sie als bereits gefestigte Künstlerin mit dem ihr eigenen Programm bei. Dass man nur kurz in der Stadt bleibt, liegt vor allem an Jawlensky, der schwer an der Spanischen Grippe erkrankt. Die Ärzte raten ihm zu einem wärmeren Klima, und im April 1918 ziehen sie nach Ascona an den Lago Maggiore.

DIE TRENNUNG VON JAWLENSKY

In dem beschaulichen Fischerörtchen Ascona wohnen sie direkt in der vordersten Reihe der Hafenpromenade mit bestem Blick über den See, übergangsweise erst im Restaurant del Lago und dann im mittelalterlichen Castello, das einem rustikal-wehrhaft wirkenden Wohnturm gleicht und noch heute besteht. Hier geht es mit der Beziehung zu Jawlensky schnell bergab. Grund dafür dürfte Jawlenskys verständlicher Wunsch

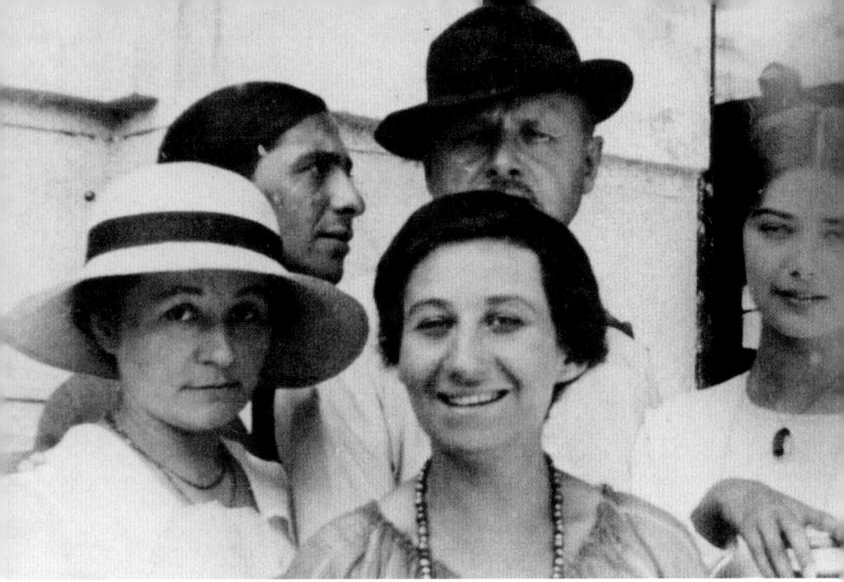

Am Bahnhof in Locarno, 1919, von links: Helene Nesnakomoff, Alexander Sacharoff, Emmy (Galka) Scheyer, Alexej von Jawlensky, Clotilde von Derp und Marianne von Werefkin

gewesen sein, der Lebensgemeinschaft mit Helene durch Heirat einen offiziellen Status zu verleihen, auch um seinen Sohn Andreas zu legitimieren.

Einer ihrer letzten gemeinsamen glücklichen Momente ist vermutlich der Hochzeitstag von Alexander Sacharoff und Clotilde von Derp, die am 25. Juli 1919 in Zürich heiraten. Das überlieferte Foto, das eine wunderbare positiv-elegische, heitere Stimmung verbreitet, zeigt alle noch einmal vereint am Bahnhof in Locarno, wo das jung vermählte Paar entweder gerade im Tessin anreist und willkommen geheißen wird oder wo es von dort wieder abreist und fröhlich verabschiedet wird. Werefkin geht jedenfalls im Anschluss an die Hochzeit als Bühnenmeisterin für knapp drei Monate mit dem erfolgreichen Tanzpaar auf Tournee. Möglicherweise gibt das glückliche Ereignis den letzten Anstoß dazu, die unerträglich gewordene Verbindung der vier schicksalhaft zusammengeschweiß-

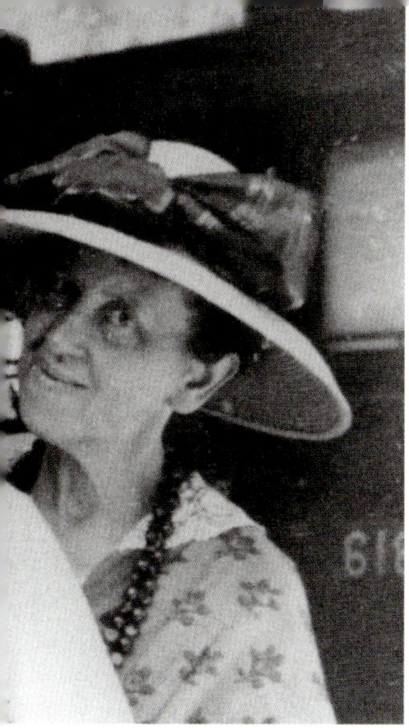

Keiner von uns beiden dachte je an physische Liebe, wir wollten einander die Hände geben und zusammen die strahlende Sonne grüßen. Aber wir haben selbst die Verhältnisse erschwert. Er durch das Tragische, ich durch meine Träumerei.

Marianne von Werefkin in ihren *Briefen an einen Unbekannten*, 1901–05

ten Menschen lösen zu wollen. In Abwesenheit Werefkins dürften Jawlensky, Helene und Andreas nach dem noch frisch vor Augen stehenden „Hochzeitsvorbild" Sacharoff/Derp beschlossen haben, endlich nach 19 Jahren auch eine eigene Familie zu gründen. Die endgültige Trennung zieht sich allerdings noch bis 1921 hin, dennoch ist sie seit Spätsommer 1919 unausweichlich geworden, auch wenn es vielleicht nicht allen Beteiligten klar gewesen ist.

Lily Klee beschreibt die in keinem Moment leichte Beziehung zwischen den beiden starken Persönlichkeiten sehr treffend und ahnt schon bei ihrer letzten gemeinsamen Begegnung im Herbst 1920 deren Ende: „Zu unserem tiefen Bedauern sahen wir eine tiefe Kluft zwischen Alexej Jawlensky u. Marianne v. Werefkin deren Verhältnis keine Ehe war, sondern eine erotisch platonische Freundschaftsliebe. Damals herrschte eine richtige Atmosphäre dort wie in einem Dostojewskyschen Roman. Ein Jahr später war die Trennung der beiden vollzogen."

Monte Verità – die „Perle Asconas“

Der „Berg der Wahrheit“ hieß nicht immer so. Trotzdem war der Vorberg des Borgo oberhalb von Ascona schon früher ein Ort für Mythen, und auch Zivilisationsflüchtlinge hat es dort schon vor der großen Reformbewegung, die hier ihren Ausgangspunkt nahm, gegeben. Im Jahr 1900 jedenfalls erwirbt der finanziell unabhängige Belgier Henri Oedenkoven den Gipfel des Hügels, der damals noch Monescia heißt. 1902 eröffnet er auf dem von ihm so benannten Monte Verità ein Sanatorium für Naturheilkunde, das ein großes Freigelände umfasst und weniger gegen einzelne körperliche Beschwerden helfen soll, sondern vielmehr auf eine gesunde ganzheitliche Lebensweise abzielt. Damit ist die Stoßrichtung der Einrichtung klar zivilisationskritisch – die Natürlichkeit des Lebens steht im Mittelpunkt. Hier arbeitet man frei von allen Zwängen direkt in und mit der Erde, bestellt nackt den Acker, isst die Früchte, die man selbst angebaut und geerntet hat, und lebt: vegetarisch! Bald wird der Hügel zu einem Ort der Erkenntnis, der europaweit

Das Bauhaus-Hotel in Ascona, 1927–29 errichtet von Emil Fahrenkamp im Auftrag des Bankiers und Kunstsammlers Eduard von der Heydt

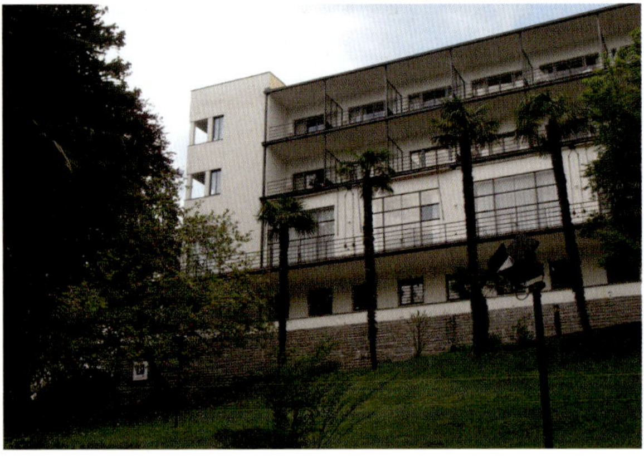

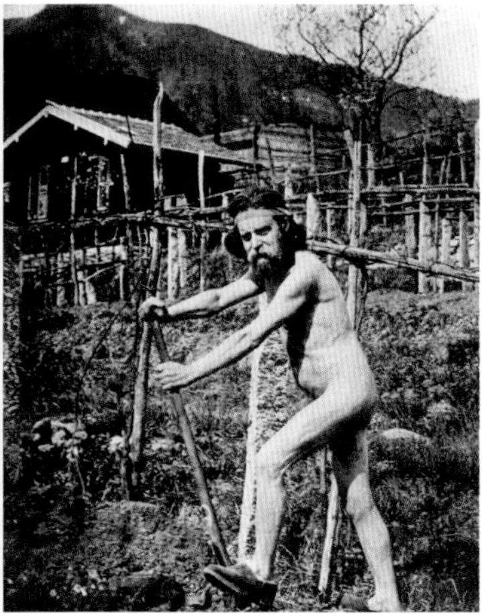

Nackt auf dem Feld arbeitender Mann auf dem Monte Verità, 1907

Kurende anzieht. Die Liste der Besucher, die von den hier erstmals gedachten und umgesetzten Ideen der „freien Ehe“, „Sexualreform“, „Reformkleidung“ oder „Erziehungsreform“ angelockt werden, ist lang. Nicht nur Intellektuelle, Autoren oder Tänzer, wie Stefan George, Hermann Hesse, Erich Mühsam, Rudolf Steiner, Mary Wigman oder Karl Wolfskehl, sondern auch Politiker oder Adelige, wie Waldimir Lenin, Fürst Pjotre Kropotkin oder Erzherzog Leopold Wölfling, suchen hier die konträr zu ihrer Lebenswirklichkeit stehende andere, neue Einfachheit.

Natürlich haben auch alle Besucher Werefkins von Ascona die steilen Stufen ins „nackte“ Glück der Freiheit und Traumtänzer hinaufzugehen. Unter ihnen ist Eduard Freiherr von der Heydt, der nach seinem durch Werefkin angeregten Besuch 1926 nicht nur sogleich den ganzen Berg erwirbt, den er „die Perle Asconas“ nennt, sondern auch ein Hotel im reinen Bauhausstil errichten lässt.

Aus der Sicht der unten im Dorf ihr ärmliches Dasein fristenden Fischer ist das da oben natürlich völlig lebensfern, wenn nicht wahnsinnig. Davon zeugt auch ein heute noch geläufiges Sprichwort, das man verwendet, wenn wieder mal jemand „verrückt spielt“: „Fa mia al bala biott“, sagt man dann im Tessin, was wörtlich übersetzt so viel bedeutet wie „Mach mir nicht den Nackttänzer“.

Allein in Ascona – von der „Baronin“ zur „Nonna“

„Allein in Ascona“ stimmt natürlich nicht. Aber es muss schon ein großer Einschnitt gewesen sein, als plötzlich erst Jawlensky und dann etwas später auch „ihre“ Helene mit „seinem“ Andreas zurück nach Deutschland gezogen sind und die gemietete Turmwohnung in Ascona sehr leer und sehr still ist. Einsam wird es anfänglich auch deshalb gewesen sein, weil Werefkin ursprünglich wohl gar nicht in Ascona bleiben will. Es war ja nur als Kuraufenthalt für Jawlensky geplant gewesen. Und im Spätsommer 1919, während der komplizierten, über mehrere Monate sich hinziehenden Wohnungsauflösung in München, die noch immer besteht und plötzlich wegen Wohnraummangel geräumt werden muss, will Lily Klee sie indirekt über-

Marianne von Werefkin mit ihrem neuen Lebenspartner Ernst Alfred Aye, um 1928

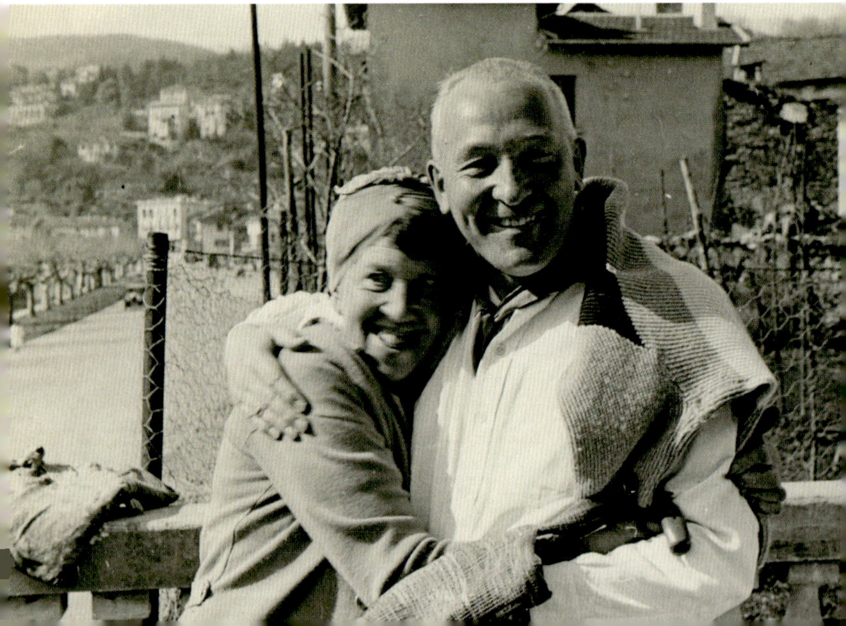

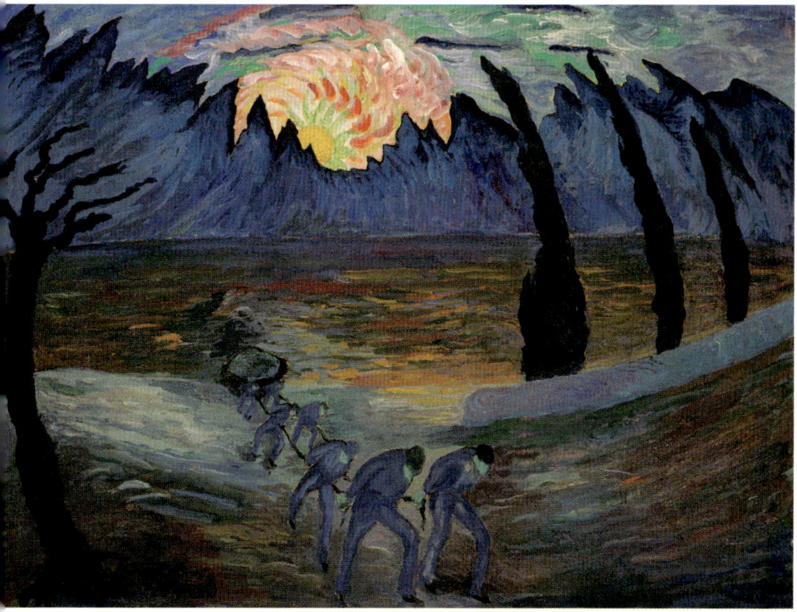

Sonnenaufgang, undatiert, Tempera auf Papier auf Karton, 47 × 61,5 cm

reden, vielleicht doch noch einmal darüber nachzudenken, mit „ihrer“ Familie nach München zurückzukehren. Als endlich auch Werefkin die Unvermeidlichkeit ihrer „Scheidung“ vor Augen steht, ist die Wohnung längst aufgegeben und der Weg zurück nach München aufgrund finanzieller Engpässe unmöglich geworden.

„Allein in Ascona“ stimmt natürlich auch deshalb nicht, weil Werefkin hier schnell wieder mitten ins Leben zurückfindet: Mit Ernst Alfred Aye begegnet sie einem neuen jüngeren Lebenspartner, der ihr Kraft gibt und mit dem sie 1925 eine lang ersehnte Italienreise unternimmt. Hierfür erhält sie einen Vertrag mit der *Neuen Zürcher Zeitung*, die ihre Reiseeindrücke unter dem Titel *Ausfahrt nach Italien* in sieben Folgen publi-

Marianne von Werefkin in ihrem
Atelier in Ascona, um 1927

ziert. Die Reise führt sie beide über Bologna, Rom, Neapel, Pompeji, Ischia, Orvieto bis nach Siena und Assisi und endet erst im Dezember. Aye ist Konzertsänger, lebt zwar hauptsächlich in Dresden und Berlin, besucht seine Werefkin aber regelmäßig in den Sommermonaten.

Zudem gründet sie 1924 mit Der große Bär noch ein letztes Mal eine „kosmische", für die Region durchaus bedeutende Künstlervereinigung – der Titel spielt auf das Sternzeichen des Großen Wagens und die vormalige Gruppe Der Blaue Reiter gleichermaßen an – und beschickt weiterhin regelmäßig Ausstellungen, etwa 1923 ans Bauhaus nach Weimar, 1925 nach Dresden und Bern, 1927 nach Zürich sowie schließlich noch 1928 nach Berlin. Aufgrund ihrer Kontaktfreudigkeit empfängt Werefkin einige Besucher wie ihre früheren Weggefährten Else Lasker-Schüler, Maria Marc und Gabriele Münter, oder sie macht neue Bekanntschaften, etwa mit dem Schriftsteller Bruno Goetz und dem Maler Otto Nebel. Ascona ist auch deshalb ein spannender Ort, weil hier am Monte Verità die internationale Reformbewegung ihren Ausgang nahm und von diesem magischen Berg zwischen 1900 und 1925 viele schillernde Persönlichkeiten angezogen werden, die das schlichte Fischerdorf reicher machen. Nichtsdestotrotz bleibt das Dorf übersichtlich und wirkt, vor allem im Novembernebel, der den gesamten Herbst bis Frühling anhält, nicht selten wie das Ende der Welt.

Werefkin jedenfalls fand sich an diesem tiefstgelegenen Ort der Schweiz mit seinen beengenden dunklen Bergschluchten tatsächlich nicht nur zurecht, sondern weiß ihn auch für sich zu nutzen. Sie fasst neuen Mut und konzentriert sich aufs

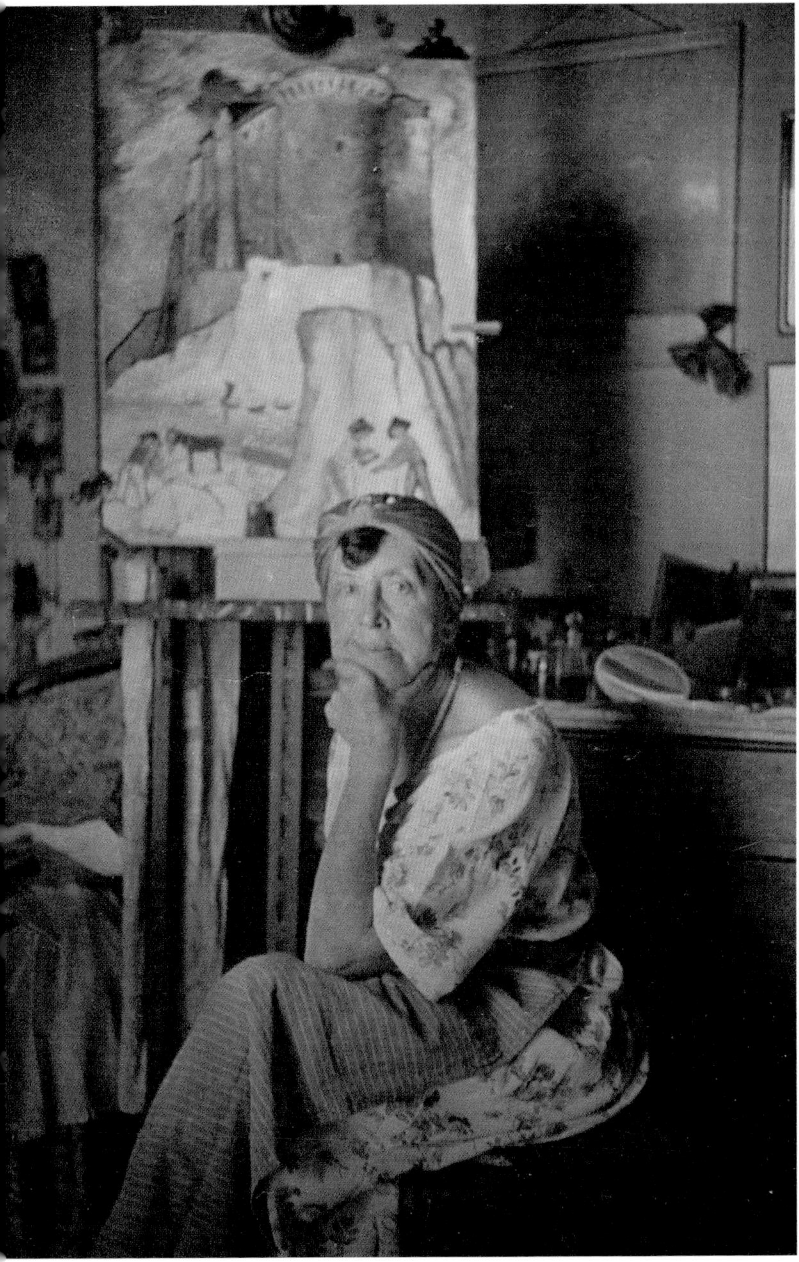

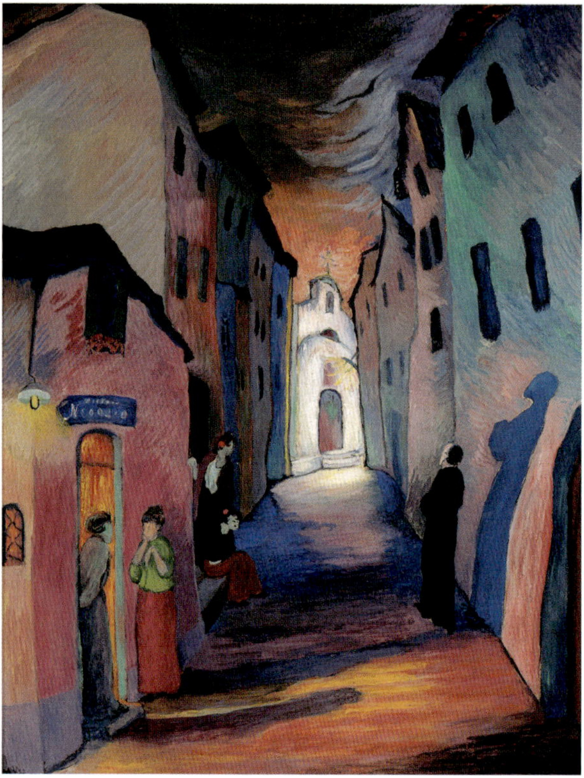

Ave Maria, 1927, Tempera auf Papier auf Karton, 75 × 57 cm

Wesentliche: ihre Malerei. Hier gelingt ihr trotz ärmlichster Verhältnisse ein beachtenswertes Spätwerk, das thematisch, stilistisch und kompositorisch von Kontinuität zeugt. Ihre Themen sind außer einigen symbolistischen Bildern über das „Altern" dieselben geblieben. Und auch hier knüpft sie wieder an ihre Münchener Jahre an, etwa mit dem Gemälde *Ave Maria* – mit Ernst Alfred Aye als schwarzem Mönch rechts im Bild –, das einen Bezug zur früheren Arbeit *In die Nacht hinein* aufweist. Zwar wirken ihre späten Arbeiten durch eine intensivere Farbgebung insgesamt visionärer, jenseitiger, ferner der

Mit Marianne von Werefkin waren wir auch öfters beisammen. Sie war schwer krank gewesen u. ist sehr gealtert. Ist auch schon über 80. Aber sie ist noch von unveränderter geistiger Frische u. Vitalität u. höchst originell. Sie ist hier volks-tümlich u. heißt ‚la nonna di Ascona'.

Lily Klee an Hermann und Margit Rupf nach ihrem letzten Besuch bei Marianne von Werefkin in Ascona, Oktober 1937

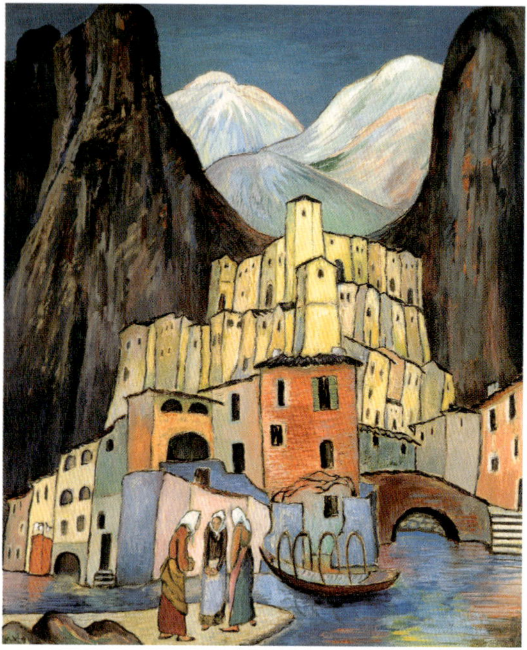

Die leidende Stadt, um 1930, Tempera auf Papier auf Karton, 89 × 72,5 cm

Natur als noch in München, dennoch tragen sie fast ausnahmslos ein melancholisches, mehr oder minder bedrückendes Moment in sich. Das Prozessionsartige ihrer Figurenreihen, seien es Fabrikarbeiter, Schulkinder oder Nonnen, versinnbildlichen einerseits den unaufhaltsam, unabänderlich wie unerbittlich voranschreitenden Takt des Lebens und spenden andererseits dennoch Trost, eben durch die Einbettung in den Gleichklang einer identitätsstiftenden Schicksalsgemeinschaft. Die in den Bildern hineingemalte Lebenserkenntnis, dass man sein Los fatalistisch anzunehmen hat und man sich besser aus diesem harten Dasein in einen unwirklichen, wirklich gewordenen Traum – vielleicht in ein Ascona am Ende der Welt – zurückzieht, deckt sich sehr schön mit einer ihrer eigenen Äußerungen: „Ich liebe nicht das Leben, ich liebe den Traum. Eine Reise

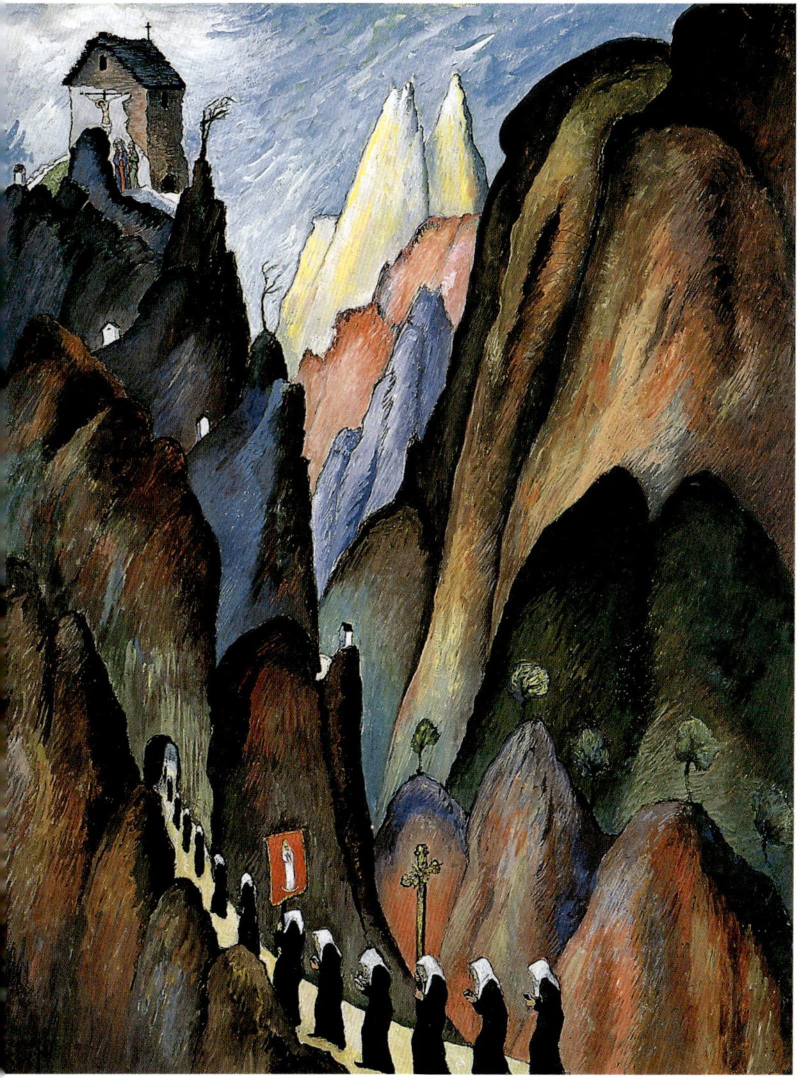

Der Kreuzweg II, 1921, Tempera auf Papier auf Karton, 103,5 × 77,5 cm

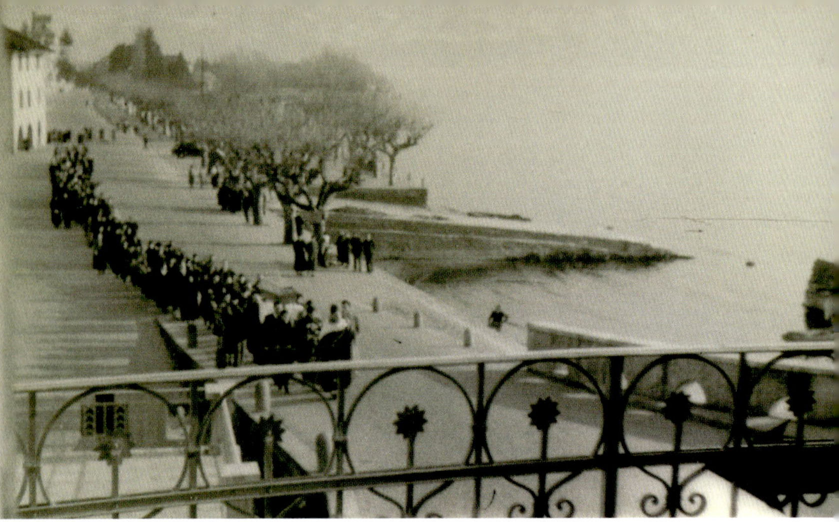

Trauerzug an der Seepromenade von Ascona anlässlich der Beerdigung Marianne von Werefkins, 8. Februar 1938

ist wie ein gelebter Traum. Menschen, Dinge, Ereignisse ziehen vorüber wie Visionen, nichts hält einen fest. Für Überlegungen bleibt keine Zeit. Man denkt nicht nach. Man beobachtet nur und freut sich. Wie oft habe ich mir gesagt, das ist die einzige Art, das Leben zu nehmen. Als eine Reise von der Wiege bis zum Grab."

Eines steht jedenfalls fest: Ein solch imposanter Charakter wie Werefkin muss in Ascona auffallen. Sie wird aber von den einfachen Fischerfamilien, die gemeinhin sonderbaren Personen immer skeptisch gegenüber bleiben, am Ende ihres Lebens als ihre „Nonna" geschätzt und verehrt. Letztlich ist sie zwar bescheidener und auch demütiger geworden, dennoch nimmt sie auch hier innerhalb dieser Gemeinschaft eine Sonderstellung ein. Ilja Repin sollte demnach recht behalten. Ihr russischer Verehrer, Freund und Lehrer hat ihr etwa ein halbes Jahrhundert zuvor prophezeit, dass sie „schon längst auf einem eigenen Wege" stehe und „man sich noch vor [ihr] verbeugen" werde. So gleicht der Abschied der Bewohner von Ascona nach dem Tod ihrer „Nonna“ am 6. Februar 1938 einem Triumphzug, der über die gesamte Seepromenade bis an den Horizont reicht.

Schon zwei Tage darauf erscheint ein Nachruf in der *Neuen Zürcher Zeitung,* aber danach wird es doch sehr schnell still um die Künstlerin. Erst Clemens Weiler, der erste Jawlensky-Biograf, ist es, der ihr zum 20. Todestag 1958 im Museum Wiesbaden eine Ausstellung widmet, die im Land des Blauen Reiters auf sie aufmerksam macht. Immer wieder sind es von da an Forscher aus dem Wiesbadener Museum, die von Weilers Begeisterung für das Künstlerpaar Werefkin-Jawlensky angesteckt wurden, sowie ab 1967 die in Ascona wissenschaftlich aktive Fondazione Werefkin, die sich ihres Werkes angenommen und es ins rechte Licht gerückt haben – und das so lange, bis die bezaubernde „Magierin der Avantgarde“ endlich wegen ihrer Inspirationskraft und der großen Gabe zum Netzwerken auch zum Kanon der deutschen Kunstgeschichte zählte.

* **DADA-BEWEGUNG** *Unter dem provozierenden Begriff „Dada" (Gebrabbel eines Kleinkindes) schlossen sich 1916 in Zürich Künstler und Literaten zusammen und traten gemeinsam für die Freiheit der Kunst ein. Man wendete sich insbesondere gegen die verlogenen Werte der Gesellschaft, aber auch ironisch gegen sich selbst und die doch so hehren Ideale der Kunstwelt. Bedeutende Vertreter sind Hans Arp (1886–1966), Marcel Duchamp (1887–1968), Max Ernst (1891–1976) und Joachim Ringelnatz (1883–1934).*

---

* **DATSCHA** *Ursprünglich russischer Begriff, der eine umfangreiche „Fürstliche Landgabe" bezeichnet. So erhielt man eine „Datscha" im 19. Jahrhundert vom Zaren für große – häufig militärische – Verdienste. Nach der Oktoberrevolution von 1917 wurde eine Datscha zum Zweitwohnsitz.*

---

* **FAUVISTEN** *Mit dem eingedeutschten Begriff der „Fauvisten" (franz. „Fauves": „Die Wilden") wird eine Gruppe von Malern bezeichnet, die 1905 den französischen Expressionismus begründeten. Der sprechende Name stammt aus der Tagespresse, die sich über deren Schmierereien mokierte, und wurde später ihr Markenzeichen. Gemeint waren heute so berühmte Künstler wie André Derain (1880–1954), Henri Matisse (1869–1954) oder Maurice de Vlaminck (1876–1958), die damals auf dem* Herbstsalon *im Grand Palais von Paris mit ihren „wilden" Arbeiten einen regelrechten Skandal auslösten.*

---

* **IMPRESSIONISTEN** *Eine Stilrichtung, die sich ab 1870 in Frankreich entwickelte: Mit rasch gesetzten Pinselstrichen wurde der erste visuelle Eindruck (franz. „impression") direkt auf der*

Leinwand festgehalten – dazu gehörte auch und vor allem die Luft und das Licht, durch das die gewählten Motive in ständiger Veränderung begriffen sind. Zu den bekanntesten Impressionisten gehören Claude Monet (1840–1926), Camille Pissaro (1830–1903) oder Alfred Sisley (1839–1899).

---

* **NABIS** *Mit dem Begriff „Nabis“ (hebr. „Propheten“) wird eine französische Künstlergruppe bezeichnet, die auf Paul Gauguins (1848–1903) Neuerungen aufbaute. Gründer war Paul Sérusier (1864–1927), der in der Pariser Kunstschule Académie Julian junge Maler wie Pierre Bonnard (1867–1947), Maurice Denis (1870–1943) oder Jan Verkade (1868–1946) auf Gauguins Kunst hinwies. In ihrer Malerei verbanden sie wie Werefkin symbolistische Inhalte mit unstrukturierten Farbflächen und betonten Konturen.*

---

* **PEREDWISCHNIKI** *Die Vereinigung der Peredwischniki (russ. „Wanderer“) war eine der bedeutendsten russischen Künstlerbewegungen des 19. Jahrhunderts. 1870 in Sankt Petersburg gegründet, war ihr Name Programm: Die Maler schickten ihre aufklärerischen Werke in zahllosen Wanderausstellungen bis in die entlegensten Winkel des Reichs. In ihren Bildern schilderten sie realistisch-ungeschönt, immer aber mitfühlend die Armut der Landbevölkerung oder die Problematik der Arbeitersklaven.*

---

* **RUSSENHAUS** *1910 erwarb Gabriele Münter für sich und Wassily Kandinsky ein allein stehendes Häuschen in Murnau. Aufgrund der vielen russischen Freunde, die hier anfänglich ein- und ausgingen, wurde es von den Bewohnern Murnaus leicht verächtlich als „Russenhaus“ bezeichnet.*

Ausgewählte Literatur

Brögmann, Nicole (Hrsg.): *Marianne von Werefkin. Œuvres peintes 1907–1936*, Ausst.-Kat. Fondation Neumann, Gingins 1996

Fäthke, Bernd: *Marianne Werefkin*, München 2001

Federer, Konrad (Hrsg.): *Marianne von Werefkin. Zeugnis und Bild*, Zürich 1975

Folini, Mara (Hrsg.): *Artisti russi in Svizzera. Marianne Werefkin (Tula 1860 – Ascona 1938)*, Ausst.-Kat. Tretjakow-Galerie und Museo Comunale d'Arte Moderna Ascona, Florenz 2010

Folini, Mara: *Marianne Werefkin. 1860–1938*, Museo Comunale d'Arte Moderna Ascona, Locarno 2016

Frey, Stefan (Hrsg.): *„In inniger Freundschaft". Alexej Jawlensky, Paul und Lily Klee, Marianne Werefkin. Der Briefwechsel*, Zürich 2013

Marianne Werefkin. Gemälde und Skizzen, Ausst.-Kat. Museum Wiesbaden, Wiesbaden 1980

Roßbeck, Brigitte: *Marianne von Werefkin. Die Russin aus dem Kreis des Blauen Reiters*, München 2010

Salmen, Brigitte: *Marianne von Werefkin. Leben für die Kunst*, München 2012

Verein August Macke Haus Bonn (Hrsg.): *Marianne Werefkin. Die Farbe beisst mich ans Herz*, Bonn 1999

Weiler, Clemens (Hrsg.): *Marianne von Werefkin. Briefe an einen Unbekannten 1901–1905*, Köln 1960

Weiler, Clemens: *Marianne Werefkin. 1860–1938.* Gedächtnisausstellung, Städtisches Museum Wiesbaden, Köln 1958

Zieglgänsberger, Roman (Hrsg.): *Horizont Jawlensky*, Ausst.-Kat. Museum Wiesbaden und Kunsthalle Emden, München 2014

Zieglgänsberger, Roman: *Alexej Jawlensky*, Wienands kleine Reihe der Künstlermonografien, Köln 2016

Zieglgänsberger, Roman, Hoberg, Annegret, Mühling, Matthias (Hrsg.): *Lebensmenschen. Alexej von Jawlensky und Marianne von Werefkin*, Ausst.-Kat. Städtische Galerie im Lenbachhaus und Kunstbau München und Museum Wiesbaden, München u.a. 2019

Zweite, Armin: „‚Von Dissonanzen durchzogene Harmonien.' Zu Jawlenskys Münchner Zeit 1896–1914", in: *Alexej von Jawlensky. Reisen – Freunde – Wandlungen*, Ausst.-Kat. Museum am Ostwall, Dortmund, Heidelberg 1998, S. 34–58

Standorte der abgebildeten Werke

S. 5, 28, 56, 57, 59, 62: Städtische Galerie im Lenbachhaus und Kunstbau, München

Vorsatz, S. 27, 45, 46/47, 50/Nachsatz, 54, 66, 67, 70 unten, 73, 74/75, 83, 86, 88, 89: Fondazione Werefkin Ascona

S. 10, 13, 18, 24, 37, 82, 85, 90: PSM Privatstiftung Schloßmuseum Murnau

S. 21, 23, 40, 42, 52, 72: Museum Wiesbaden

S. 26, 31, 49, 64, 71, 78/79: Alexej von Jawlensky Archiv S.A., Muralto

S. 30: Bayerische Staatsbibliothek München Abtlg. Karten u. Bilder

S. 58: Schenkung der MUMA GmbH, Murnau Schloßmuseum Murnau

S. 61: Staatsgalerie Stuttgart, Graphische Sammlung

Cover/S. 70 oben: Leopold-Hoesch-Museum Düren

S. 77: Dauerleihgabe im Museo Comunale d'Arte Moderna Fondazione Werefkin

Konzeption der kleinen Reihe
Martina Padberg

Verlagslektorat
Sebnem Yavuz

Verlagsredaktion
Rosa Baumgartner

Satz und Gestaltung
Christian Padberg

Gesamtherstellung
Wienand Verlag

Printed in Germany

Erschienen im
Wienand Verlag
www.wienand-verlag.de
Weyertal 59, 50937 Köln

ISBN 978-3-86832-540-9

Umschlagabbildungen
Einband: Marianne von Werefkin: *Zirkus/Vor der Vorstellung*, 1908/10 (Detail); Vorsatz: *Herbst – Schule*, 1907 (Detail); Hinterer Vorsatz: *Die Landstraße*, 1907 (Detail)

Bibliografische Information der Deutschen Nationalbibliothek

Die Deutsche Nationalbibliothek verzeichnet diese Publikation in der Deutschen Nationalbibliografie; detaillierte bibliografische Daten sind im Internet über http://dnb.de abrufbar.

Fotonachweis
© akg-images: S. 58, 70 oben; © akg-images / Jürgen Raible: S. 80; © Alexej von Jawlensky-Archiv S.A., Muralto, Foto: Abb. S. 26, 31, 49, 64, 71, 78/79; © bpk: S. 81; © bpk / Bayerische Staatsbibliothek: S. 30; © bpk / Staatsgalerie Stuttgart und © Pechstein Hamburg/Tökendorf: S. 61; Fondazione Marianne Werefkin, Museo Comunale d'Arte Moderna, Ascona: Vorsatz (FMW 0-0-3), S. 27 (FMW 0-0-1), 45 (FMW 46-2-647-a19, FMW 49-4-666-b14), 46/47 (FMW 0-0-2), 50/Nachsatz (FMW 0-0-5), 54 (FMW 0-0-18), 66 (FMW 0-0-33), 67 (FMW 0-0-21), 70 unten (FMW 0-0-15), 73 (FMW 0-0-40), 74/75 (FMW 0-0-39), 77, 83 (FMW 0-0-84), 86 (FMW 0-0-60), 88 (FMW 0-0-67), 89 (FMW 0-0-49); © Museum Wiesbaden, Foto: Bernd Fickert, Abb. S. 21, 23, 40, 42, 52, 72; PSM Privatstiftung Schloßmuseum Murnau: S. 10, 13, 18, 24, 37, 82, 85, 90; © VG Bild-Kunst, Bonn 2019: S. 56, 57

Wienand-Publikationen werden weltweit in führenden Buchhandlungen und Museumsshops angeboten (Vertrieb in Europa, Asien, Nord- und Südamerika).

WIENANDS
KLEINE REIHE
DER KÜNSTLER-
BIOGRAFIEN

96 Seiten
12,95 €

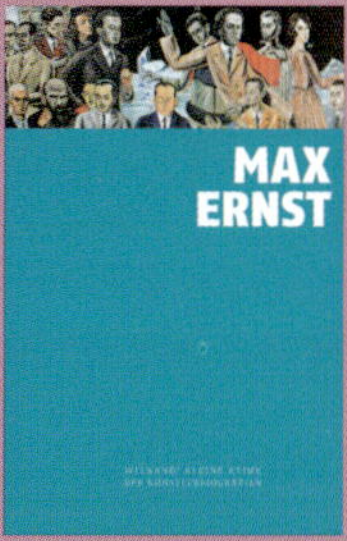

978-3-86832-539-3

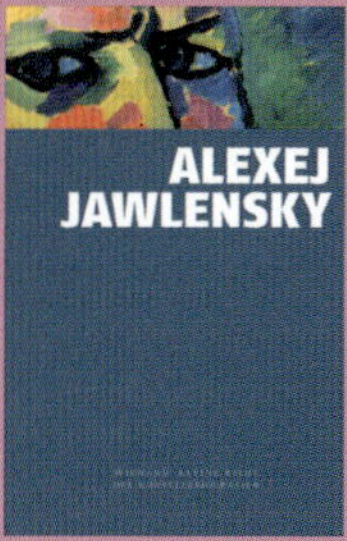

978-3-86832-286-6

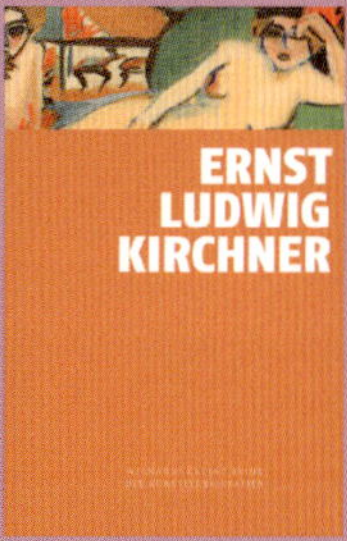

978-3-86832-389-4

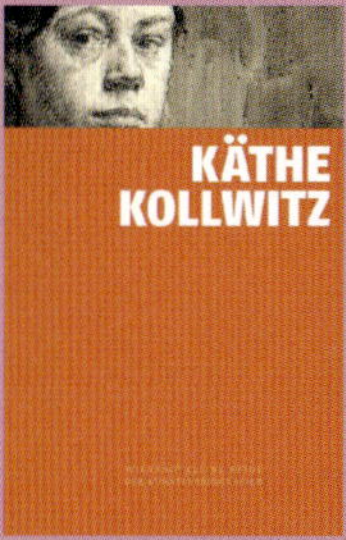

978-3-86832-285-9

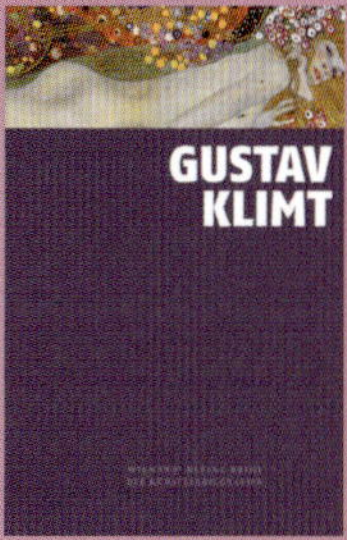

978-3-86832-387-0

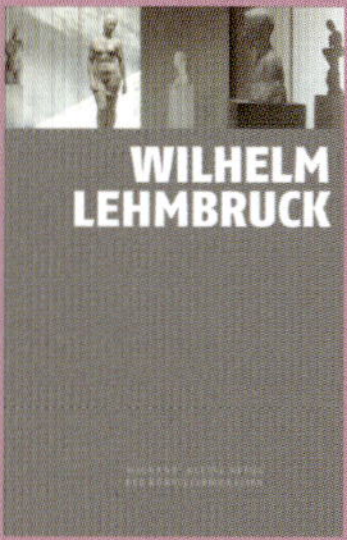

978-3-86832-388-7

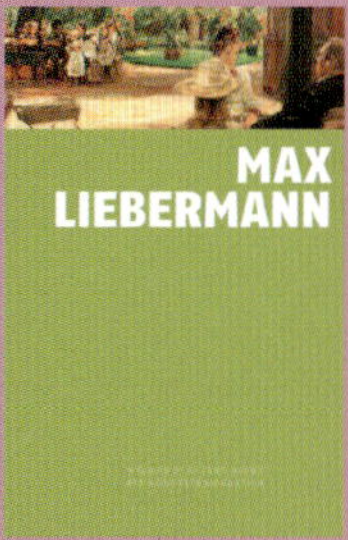

978-3-86832-373-3

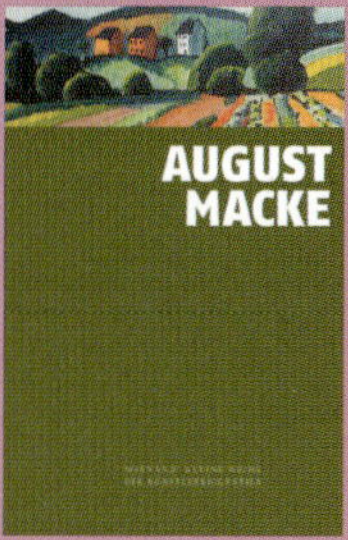

978-3-86832-208-8

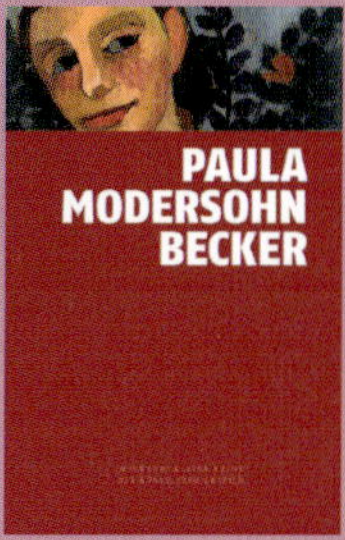

978-3-86832-210-1

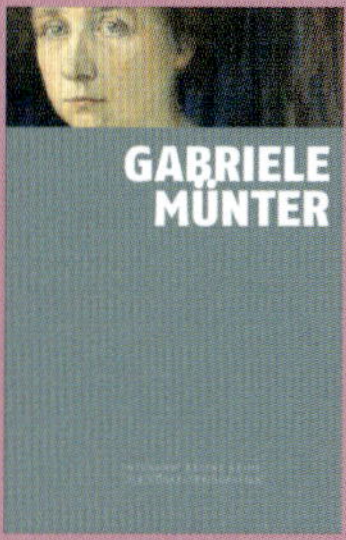

978-3-86832-372-6

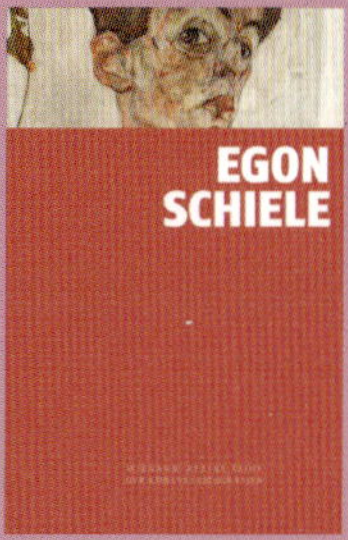

978-3-86832-374-0

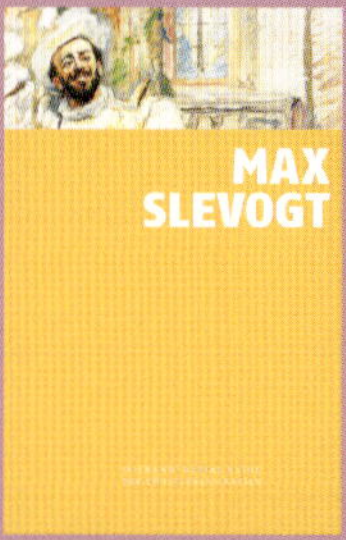

978-3-86832-442-6

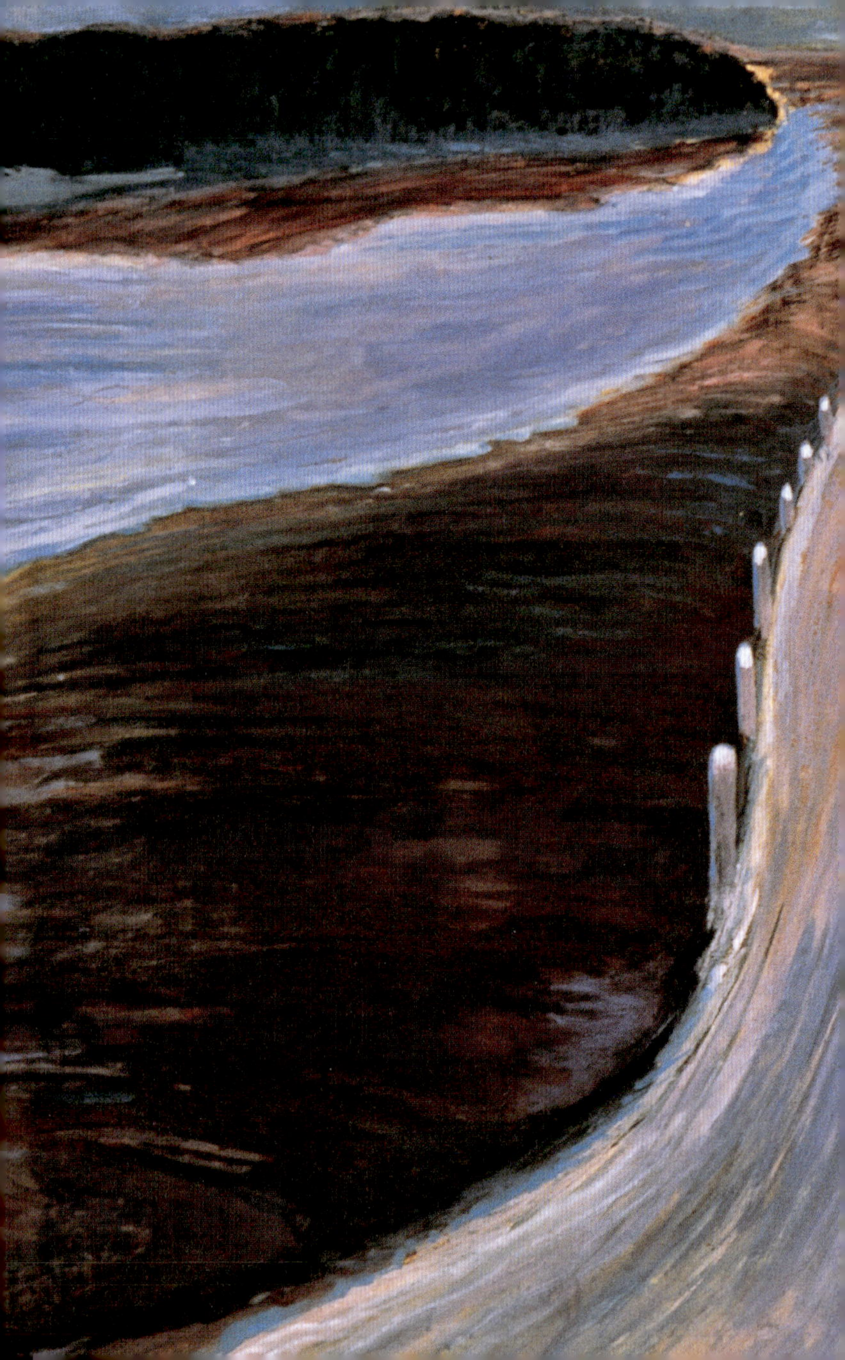